56篇來自生命的智慧，是一份美好的禮物，
收下這份禮物，一起創造令人舒服的振動頻率，
幸福祥和的人生，就從停止抱怨開始。

停止抱怨的人生

國際心靈治療師、國際心靈管理師
《今周刊》〈人生使用手冊〉
人氣專欄作家——游祥禾
教你戒掉抱怨，開創幸福人生

游祥禾——著

自序

祥和的世界，從停止抱怨的人生開始

我們會從最簡單的認知來定義自己：男的、女的；高的、矮的；胖的、瘦的；我的家庭背景、我父母親的工作、我的個性是怎麼樣的、我天生特別愛賺錢、我不能沒有感情、我容易跟人打成一片、我生性害羞不多話……；我們用這樣的概念來理解自己，也用這樣的框架去解讀他人，構成了自己獨一無二的生態。

在我八歲小學二年級的時候，問了旁邊的女同學：「妳知道妳以後要做什麼嗎？妳了解自己嗎？我們為什麼要來這個世界？」

小學五年級的時候，我問了班上第一名的同學：「你長大後想做什麼？」

「我要跟我爸一樣當醫生。」

我再問班上考試墊底的同學：「你長大後想做什麼？」

「我喜歡打球跟跑步。」

他們的回答都不是我想要的答案，但我到底想得到什麼樣的答案，我也說不上來。如果我長大後不想當醫生，也不喜歡打球，那我要幹嘛呢？

我在大學時代已經開始認真追逐著我想要的成功了，而這種狹隘的功成名就，正一步一步將我的人生帶入危險，為了獲取成功，我愈來愈嗜血狂熱，但我卻對這樣的轉變毫無警覺。一心認為只要我愈成功，我就能愈開心快樂，並得到更多人的尊敬，所以我還要再加快速度。

在大三那一年，我追逐的成功還沒來臨，我卻不知道哪裡出了問題，整個人不對勁；我晝伏夜出，將自己關在房間裡，足不出戶，不想參與所有的社交活動，事情一件又一件的來，永遠處理不完，沒完沒了；我不敢搭電梯、不敢坐車，獨自一人時會不停地回頭望；我還會盯著迎面而來的路人看，覺得他們很有可能拿出刀往我身上砍。我要離開所有人，每個人都在嘲笑我，他們都想害我。

我對周遭的一切事物充滿敵意，這個社會讓我唾棄、憎恨。最後，我去了醫院。二十年前，我就被醫生診斷得了恐慌症，必須吃藥才能控制情緒，好讓心跳回復正常。

每天睡覺前，我是開心的，我感覺放鬆，常呵呵的笑，我認為我的病好了，不用再吃藥。但是出門後，我就感到焦慮不安，還要堆起笑容對人稱讚：你這件衣服真漂亮、你說得真好、做得真棒。我很清楚這樣既虛偽又噁心，而我最討厭的不就是這種人嗎？

這時，不時有個聲音出現在我耳邊，那聲音告訴我，不要這麼在意他人，如果我繼續選擇說謊的過生活，只會讓我病情加重。可是又有一個聲音支持我，告訴我這樣做是對的，如果我還想成功，一定要這樣堅持下去，這樣才會討人喜歡、貴人多多。

那時覺得活著好痛苦，我都已經生病，必須靠藥物控制情緒了，還要接受這種不知打哪來的矛盾對話，為什麼別人都不會有這些困擾？這兩個聲音讓我一天分裂無數次，我幾乎崩潰！

以我現在來看當時的狀況，問題出在哪裡再清晰不過，要解決根本是小事一樁，只是，當時的我哪裡會懂這些。

我從小就渴望認識這個世界，卻沒有發現，所有的困境正在帶領我走出一條新路。我感覺不到祂想藉此來幫助我、啟發我的美意，我只關心成功與財富。直到我踏上了自我探索的道路，開始從事與人對話的工作，我才漸漸明白，彷彿有一股神祕的力量在牽引著我，讓我與一切聯繫在一起了。

在某一次的課程中，我耳朵旁的聲音再度出現，這時的聲音已經不會造成我的矛盾，反而成為我的力量來源。我不再畏懼，並穿梭在不同的國家、浸淫在不同的文化與種族，不論我身處在世界的哪一個角落，就算是第一次見面的人群，我都覺得他們像是我的家人。

定義才會帶來意義，錯誤的認知導致了憤怒與情緒，它們引導我們對某些事情的不合理解釋，於是我們看待這個社會非黑即白、以偏概全、否定事實、亂貼標籤。我們要學習透過了解自己去修正習氣，不再為了發生在自己身上的事情感到無能為力，也不要那麼愛生氣。

我多麼希望你們可以把書上的理念傳遞給身邊的朋友，輸出與分享才會有共振並帶來力量，讓他們也知道這個世界上有這一本書，有像你我這樣的人在實踐，努力要讓世界變得更好。當你遇到人與人的關係或事情上的不順遂時，可以隨意翻翻書上寫的，身體力行應用在生活與工作中，看看會有什麼樣的事情發生。

我長大後要做什麼？我希望這個世界跟我的名字一樣，一片祥和，就從停止抱怨的人生開始。

二〇一六年十二月二十四日 於馬來西亞檳城 幸福的26F

目錄

Part 3

Part 4

Part 5

Part 1

失控混亂的局面

Chapter 1

我了解自己嗎？

我了解自己嗎？「我」是誰？那「自己」又是誰？「我」和「自己」是同一個人嗎？如果我真的了解自己，那為什麼「我」會受夠了「自己」呢？「我」跟「自己」是對立的嗎？誰在排擠誰？是這樣子的嗎？

原來最大的問題就在此——我們的身體裡面有兩個我！如果我們對於自己身上有兩個我的概念毫無所知，那麼究竟是誰在主導我們的人生，應該也無關緊要了。如果你真的在意你的人生，你應該會去思考，並且好好的了解這是怎麼一回事。

你開心快樂嗎？你覺得踏實喜悅嗎？在我們經歷了許許多多衝突，感受到哀傷、難受、苦不堪言後，才驚覺眼前混亂的局面，生活幾乎失控了。我到底怎麼了？是哪個「我」在發聲？又是哪個「我」在做出回應呢？

我常對身邊的朋友及學生們開玩笑說：「你們花了這麼多時間，不斷去上心靈成長課程，這是一筆可觀的金額，但卻沒有人可以回答我，什麼是心靈。那你們是怎麼追求成長的？」

在不清楚心靈是什麼東西的前提下，卻希望讓這個不知道是什麼東西的東西成長？你都不知道那個東西是什麼，又怎麼知道你所學習的，正是那個東西需要的？又如何知道那個東西真的有成長呢？

有一天，一位馬來西亞的學生寫了封信給我，他說他對我的課程相當感興趣，想找朋友一起報名參加，他問我：「心臟病可以報名參加嗎？」我疑惑怎麼會有人問這麼奇怪的問題，於是問他為何這樣提問？原來是因為，他的朋友在一次成長課程中，為了突破困難、面對恐懼，哭喊得太過激烈，而心臟病發，休克了……

「心靈」指的是「心」與「靈」，但多數人把這兩樣混為一談。「心靈」成長與「心」「靈」成長的概念完全不一樣，你說的是哪一個成長呢？

「心」講的是心智。在許多影片、書籍或課程都會看到「心智」這個詞，從字形上看，追求「心智」成長是好的；但我們對「心智」的字義，其實似懂非懂、自行解讀又不求甚解。

我在許多國家遇到的朋友或學生，他們多數所認知的心智就是心靈，或者是心靈的另一種名詞解釋，他們告訴我：「只要心智愈強大，人就不再痛苦，人生會是彩色的。」

其實，心智講的就是頭腦。頭腦的主要功能是保護主人，不讓主人受到傷害，所以它擅長思考與分析。當我們遇到問題時，頭腦會在第一時間找到一萬個理由，絕對足夠讓我們理所當然的這麼想、這麼說、這麼做，讓我們得以抬頭挺胸，理直氣壯的活得好好的。然而所有的錯誤，也都是從這裡開始。

心智頭腦接受到的刺激源，全部來自我們的五感（眼、耳、鼻、舌、身），也就是所謂的外在世界。每一個極其微小的刺激，都能讓頭腦做出回應，產生情緒波動，最後作用在我們身上。只要五感存在，就會持續接受外在刺激，一旦心智頭腦不夠成熟，無法分辨是非對錯，人云亦云，情緒就會立刻出現，而抱怨就是這樣產生的。

「靈」跟心智頭腦不一樣，說的是我們的內心世界。想像一下，每個人的內心世界都大到不能再大，它擁有無比的強大力量，它就是祂，你也可以稱祂叫做上帝、你的神、內在小孩、靈性、神性、老天爺……，這些我都暫時歸類為「靈」的概念，這是我比較能夠理解的說法。有時候人們對「靈」的探討偏向於怪力亂神，那個範圍就不是我所熟悉的了。

「心」、「靈」就是我們身體裡的兩個我！

心智頭腦的我，追求的是物質世界，全都是外在的五感刺激，刺激愈強，作用效果就愈明顯，它專門消耗體內的能量；而靈性的我，完全不受外在世界刺激，只向內看，增生源源不絕的能量，帶來力量與勇氣，使人安定、自在與喜悅。（如表一）

我們都希望心靈能成長，想讓內心世界獲得平靜或救贖，並擁有更強大的內在力量。現在，拜科技之賜，隨時都能從網路上，搜尋到數百萬、數千萬筆關於心靈成長的資訊。但是，在五感的外在世界裡，我們每天睜開眼睛、張開嘴巴、豎起耳朵，接收到的全都是心智頭腦的語言，非但沒有提升靈性，反而讓心智頭腦飽足一頓。於是我們愈來愈不平靜，變得易怒、無法控制情緒。

沒有人看懂真正的「心」「靈」成長的重要性，讓一群黃鼠狼打著「心靈」成長的招牌，操弄演變成「心智」成長。我們不僅沒看懂這些激昂振奮的心智語言，還愈陷愈深，甚至拉著家人、朋友跟你一起成長、改變。

只要看到關於心靈成長、心靈課程、心靈諮詢、心靈療癒、心靈富足、心靈豐盛……，各式令人眼花撩亂的心靈系列，其實稍微分辨一下，就知道多數還是導向心智，談的、說的、教的，都是在刺激五感。

我們一心追求的圓滿人生，竟然成為讓我們無法喘息的主因，明明過得不開心、已經失去自我，依然繼續欺騙自己，不斷告訴自己一定能夠處理好，一切都在自己的掌控中。

是的，一切都在心智頭腦的掌控中。

關於「心」「靈」成長，我也是這幾年，在不斷與人對話的過程中，才有了一些領悟。原來，我一直讓我的心智頭腦主導我的人生，遇到考驗與挑戰，我就想辦法為自己辯解、脫罪。如今，我能夠稍稍區分出它和祂的分別，內在靈性似乎也慢慢甦醒著。我明顯感覺到身體有一股力量支持著我，我愈來愈喜歡自己現在的樣貌，舒服極了。

表一：「心」與「靈」

靈（祂）	心（它）
內心、靈性	心智、頭腦
內心世界	外在世界
潛意識、無意識	意識
現在、當下	過去、未來
實話	謊言
心法	方法
能量	物質
給予	索取
豐盛	匱乏
高頻率	低頻率
自然發生	追求改變
直覺反射	過去經驗
副交感神經	交感神經
祝福、反省	比較、忌妒
接受、認同	抱怨、批判
喜悅、自在	創傷、恐懼

Chapter 2

意識與潛意識

意識，最簡單又能讓人理解的概念，是指在入睡時消失，睡醒後出現的時段，大概就是我們清醒的時候，那個時候的我們，頭腦可以自由運作，思考與分析。所以「意識」最簡單的定義，就是我們的心智頭腦。

腦袋清醒，包括了意識與其他意識都清醒，不只是睜開眼睛、張開嘴巴、豎起耳朵這樣而已。在心智頭腦活動最頻繁的時刻，內在的靈性還能一樣清醒，這就有點難度了。

多數人一直處在半夢半醒的狀態，當你說「我」的時候，其實是心智頭腦在說話，那不是你。心智頭腦是相當死腦筋的，它一定要看到、聽到，才願意相信；甚至，都看到、聽到了，還不肯相信。它還需要相當長的時間去參悟！

我們對於當下發生的事物，抗拒愈強烈，就愈痛苦。為了不要這麼痛苦，心智頭腦會想盡辦法，否定當下，來說服自己是對的。結果，當我們試著改變自己的任何一部分，都像兜圈子，沒多久又繞回原來的心智頭腦。怎麼會這樣？人們都以為自己頭腦清楚，最後還不是妥協於心智頭腦。縱使如此，人們依然對此毫無知覺。

如果意識是指清醒的時候，那麼潛意識就是全年無休。想想看，是誰叫你的心臟跳動？誰命令你的腸胃蠕動？你清醒時，都不見得會提醒心臟或腸胃要繼續運作，更何況是昏睡時刻。所以，到底是誰，無時無刻在關注著這些小細節，不曾遺忘。這一切都是潛意識在運作。

為什麼一旦進入深層睡眠，就不會掉下床或撞到牆？明明還熟睡著，卻一伸手就精準的拍打到小腿上的蚊子？你總共翻身三次、抓癢五次，醒來後，你的意識，也就是你的心智頭腦，卻完全不知道發生過這些事。

潛意識就是內心世界「靈」的其中一部分，祂無所不知、無所不能。

如果你把潛意識當成僅僅維持身體機能的正常運作，那真是小用了潛意識。我們的潛意識蘊含著非凡的知識，祂知道的事情，比意識多上許多。當我們因為在意識層面獲得一項真理、得到一種啟發，而開心不已的時候，但其實，那不過是讓意識層面，重新認識潛意識裡既存的事情罷了，祂是萬能的。

想達到崇高的精神境界，就要經常自我反思、歸零、淨空，多數人的心智頭腦都太過油膩汙濁，沾染一身習氣。心智頭腦早已讓我們認為，從頭到腳都以它為代表，它代表了我們的全部。我們所認知的世界，是由心智頭腦定義出來的，更別提祂就是我、我就是祂，這種被列入「荒謬」的說法了。

每個人都想追求更強大的力量，卻不知這份力量早在我們心中，我們從來不相信祂的存在，如何能夠與祂連結。

潛意識（祂），就是埋藏在地下的廣闊根部，而意識，則是地面上矮小的枝幹，吸收著祂無時無刻供給的養分。我們就像一棵植物，依賴地下的根部供給養分。真正的生命便是隱藏在根部裡，不論四季如何變化，生命力永遠存活在我們的腳下。可惜心智頭腦只能膚淺的追逐短暫綻放的美麗群花，卻沒看到生命的泉源在那裡屹立不搖，萬古長青。

潛意識是一個強大的磁鐵，祂給予我們電力並讓我們具有磁性，祂讓我們每個人成了一座能量場，為身體打造了一個巨大的防護罩。這個能量場吸引一切我們的想望，成為我們眼前的實相，好的、不好的，皆如你所願。在心智頭腦的帶領下，我們親手破壞身上的能量場，我們被消磁了，從此不再具有吸引力。沒有了信心，恐懼、憤怒乘虛而入，我們的生活成了悲慘世界。

心智頭腦掌管生命的一切行動並付諸實施，只有潛意識而沒有意識，就像新生的嬰兒，就算祂再厲害，也無法採取任何行為。這就是很多人感受不到祂存在的原因。潛意識必須經由心智頭腦，來獲得嶄新的生命形式，最後按照祂的意願，透過心智頭腦來影響環境和啟發他人。

睡前跟睡醒這段時間，對你有多重要？這是意識與潛意識進行交接的最佳時刻，就算只是閃過十秒鐘的念頭都好，這個念頭就是在交接，你在交接時刻的感受是什麼，就延續什麼。想了美好，就會延續美好；想了煩躁，就會延續煩躁。

許多人從來不知道運用這寶貴的黃金十秒，所以昨天跟今天切割、早上跟晚上又切割，能量都是斷掉的，生命狀態只能零亂不一！

你怎麼想，所以你怎麼成為！你不會得到你想要的，你只會得到你相信的。相信祂，祂會幫助你度過難關，為你帶來真實。

有一次我受邀去北京參加一場心理論壇，台下有個學員拿到了麥克風，問我：「如何看待成功？」

我是這樣回覆這位提問者：

成功的定義，在我們兩人還沒有討論出來之前，我真不知道如何回答你這個問題。因為你的成功不是我的成功，隱形的認知差異，存在彼此的對話中。兩個人或一群人聊天聊得很開心，彷彿達成了某些共識似的，沒有人察覺彼此的認知其實是有差異的，神奇吧！

我收到過很多人的提問，每次，我都會針對他們的問題提出反問，直到我能清楚理解問題的定義為止。當事人往往對事情沒有一定深度的認知，就把問題提出來請求支援，若我直接依收到的單向訊息逕行回覆，可想而知最後肯定是誤會一場。

我在世界各地經常有些機會，能與所謂的大師在後台或不同場合碰面交流，許多大師的思維極為正面，對於追求財富表現得相當積極，言語更是慷慨激昂，不但名人傳記的成功故事倒背如流，信手拈來就是一句經典，我相信他們確實下了很多工夫。

他們登高一呼，要大家跟著他走，他將會帶領你邁向成功，而台下群眾的眼神充滿了希望，覺得人生就快要不一樣了。所有人最後學到了跟大師相同的眼神、相同語言、相同的肢體動作與手勢，並且像大師一樣，站在高崗上傲視群倫，他們成功了，是嗎？

這些所謂的成功，全都是心智頭腦最擅長的成功語言，人們很容易一聽到自己關切的議題與字眼，就起了反應，一不注意就走火入魔了。

下一位學生問了我：「什麼是思想？它是怎麼在影響我們的？」

我接著這麼回覆這位提問者：

思想對你的生命影響有多大？你覺得很多人真的花時間去理解什麼是思想嗎？

人類的思想很複雜，喜歡與討厭、樂觀與悲觀、愛與恨、建設與破壞或者善良與殘忍，思想就是由這些特質組成的。除了這些，還有更多更多，不同的思維組合，說明每個人的個性有不同的主導特質。

我們如何將這些特質一一拆解？你若看懂這些特質是怎麼來的，自然可以再次組合所有的思想，組合過後的整體樣貌，絕對比之前的狀態更加迷人。每一次的重組，就是一次重建與改造，在拆解與重組的過程中，你會找出讓你困擾的，究竟是哪一個區塊。

大部分的人不知道怎麼拆解想法，看不懂自己有哪些特質，感覺像A，但又像B，盤根錯節。抓不到BUG，當機很正常。

你現在的狀況，不管是好是壞你只能接受，不喜歡也得吞下去，因為是你自己選擇的。我看到好多人不喜歡自己的現況，到處抱怨，抱怨公司、抱怨老闆、抱怨老公、抱怨老婆、抱怨身邊所有的一切。這些喜歡發表意見的人，總是讓我相當疑惑：「這些不都是你自己的選擇嗎？」當你抱怨的同時，不就是重重打了自己一巴掌，然而你卻沒發現這有多好笑。

思想的力量有多大？思想就像是一顆種子，你種什麼就長什麼。意思是，你種西瓜就會長出西瓜，不可能種了葡萄卻長出草莓。（哈哈哈，全場笑成一片）很好笑對吧，這不是廢話嗎？是啊，最令人生氣的是，我還得為這句廢話大費周章的解釋讓大家了解。不然，為什麼這麼多人在頭腦裡種下極具破壞性與撕裂的負面想法，這些想法遲早都會轉化為具體行為。既然是廢話，怎麼沒人想過，這些想法多麼自我毀滅，而且還會波及他人的危險呢？我們的人生，還要出現多少次，這種自打嘴巴的廢話？

你如果懂得「自我暗示」或「自我設定」的概念，你就會知道，一個人的想法，是如何與潛意識共振，並且很快的表現到行為上。

不要輕忽你的任何念頭，思想就是一切力量的來源。擺脫那些自己莫名其妙創造出來，但其實一點意義都沒有的擔憂。

不論你的生命正處在什麼樣的狀態，你就是握有思想主導權的主人。好好了解思想的力量並善加利用！投資頭腦穩賺不賠，思想將幫助你掙脫恐懼，充滿勇氣與鬥志，最後從中獲益。

精的人永遠出一張嘴，笨的人總是身體力行。抱怨、羨慕的人比比皆是，做事、成功的人寥寥無幾。

你可以是改變的起點，現在就可以開始。

Chapter 4

二元世界帶來的心理狀態

我曾經去一家台灣知名的模特兒公司演講，當時聊到一小段關於自卑的議題，從多數人的眼神中，我感受到，自卑已經困擾到現場的帥哥美女們許久。這讓我很意外，我問了其中一個女生：

「妳為什麼自卑？」

「我覺得自己太矮了！」

「哈哈！」一個坐著都快比我站著還高的女生，說她覺得自己太矮，讓我不自覺笑了出來，可是我相信她不是開玩笑的。

「請問妳有多矮呢？」

「我才一百七十九公分而已！」

「哈哈哈，這樣應該是我自卑才對吧！妳現在是說來讓我自卑的嗎？」

自卑的人往往對自己沒有太大的信心，他們不僅會把一件小事放大來看，還喜歡拿別人的優點和自己的缺點相比較，找了各式各樣的理由來否定自己，最後讓生活愈來愈艱難。

我在課程中跟學生分享了這件事，請學生們評評理，一個一百七十九公分的女生，到底是很矮？還是一般般？或者很高呢？

這就是二元世界所創造出來的心理狀態，我們不自覺就跳入這樣的遊戲陷阱。

什麼是二元世界？

這個世界一直以來就是一個完整、唯一的世界，至今依然是這樣。我們不知道哪根筋不對，總在這個世界裡尋找同質性、相識性高的東西，將它們擺放在一起，硬要讓這些本來就是獨立的個體，做出明顯的界線與區隔，於是世界就被一分為二，變成兩個世界。從此開始有了比較，開始有了對立。

我們的五感接受到的刺激源，讓心智頭腦藉題發揮，對錯、好壞、是非、優劣、高低、貧富、美醜、成功失敗……。「比較」成了信念，一發不可收拾，一定要分出高下輸贏才肯罷休，最後成了人人心中最主要的痛苦來源。

一個人活著，本來好好的都沒事，經由心智頭腦這麼一鬧，你開始覺得我是對的、是好的、是優的、是棒的，我是富有的、我是美麗的、我是成功的；到了明天，碰上另外一個人，你會驚呼，怎麼我好像是錯的、壞的、劣的、低的，是貧窮的、是醜陋的、是失敗的。我們開始逼瘋周圍的人，最後也逼瘋自己，這一點都不好玩。

我最後告訴那位身高一百七十九公分的長腿妹妹，沒有什麼「被他人取代掉」這種說法，你就是一個獨立完整的人，何須比較。輸贏是心智頭腦的伎倆，只有它才會這麼無聊。這世界上沒有任何一個人可以傷害你，除非你允許，不認同自己才是對自己最大的殘忍。

我以前從來不覺得自己腿短，自從那位完美比例的人出現之後，我發現自己拍起照來真不好看，她的出現只是一再提醒我腿短的事實，我不喜歡這種感覺，所以我不喜歡她出現在我的視線範圍內。

朋友隨便上傳一張照片就有三百個讚，我費盡心思分享的照片，卻永遠不到三十個讚，為什麼會這樣呢？

看到同事業績亮眼，我還得開心的向對方祝賀恭喜：「我就知道妳一定會成功！」但是一轉頭，我心裡想的是：「這業績一定來得不單純，她比我醜、比我肥、又沒有我受歡迎，她嘴巴臭、頭髮油，憑什麼業績比我好？」

每天一覺醒來，你就看到右邊有十個人比你漂亮，你告訴自己千萬不要受這些人影響，於是你轉頭往左邊看，又看到二十個人身材比你好，你還能裝作完全沒事嗎？該死的，又讓你聽到有三十個人家裡環境比你好，工作比你輕鬆，賺的錢還比你多……，這樣你還有辦法繼續裝平靜、裝沒事嗎？

這個世界就是這樣子，你還會遇到有四十個個頭比你高、五十個比你受人歡迎、六十個車比你昂貴、七十個學歷比你高、八十個比你年輕、九十個老公／老婆比你自己的還要貼心，還要帥／美，現在，已經有一百個人比你在更短的時間內成功了。

這樣的世界，多半已經讓你處於半瘋狀態了。二元世界到底為我們帶來什麼樣的心理狀態？無論你在哪裡，看前、看後、看左、看右，就是有這麼多的比較，它在擾亂你的心，同時我們也在擾亂他人。

我們卻甘願受心智頭腦的掌控，用盡全身能量，向外注視他人的一言一行一舉一動。我們的生活早已不能沒有這些刺激源，可是對方卻可以沒有你，根本不受你影響，甚至壓根都不知道你的存在。你完完全全被制約了，在自己創造出來的二元世界裡痛苦一輩子。

接受自己原本的樣貌，好的、不好的，都接受它，那才是愛自己的開始。隨時去覺察自己是不是又到處亂看、亂聽、亂說，最後亂比較。我們從來不去認同自己，卻一味追逐著他人的認同，這可怕的心理狀態，只會給予所有事情負面的定義、把所有人當成敵人。一旦我們渾身上下全是攻擊的能量，抱怨開始了，傷了它人更傷了自己。

Chapter 5

沒有的東西怎麼給

我們在生活中遇到問題，就會去尋找答案來解惑，除了向三五好友訴苦之外，「心靈給予者」應該是最容易也最有機會搜尋到的；算命師、塔羅牌老師、心理咨詢師、催眠師、潛能開發師、激勵大師、布道師或宗教團體等等，在我的認知裡這些都算是。

每一位老師依據他們的專業，告訴你什麼星座最漂亮、什麼八字有幫夫運、什麼風水會賺大錢，教你如何公眾演說、讓你增加十倍收入、兩小時換一個有錢人的腦袋，甚至告訴你，那是因為你在某一世的業障尚未消除……，五花八門，各顯神通。誰都希望生活變得更好，「那我接下來該怎麼辦才好？」的大哉問，必然出現。彷彿沒有了這些心靈給予者的建議，就會看不到明天的太陽似的。

於是他們講了你想聽的，談了你想要的，這個過程正是在大量餵食你的心智頭腦。心智頭腦開心了，滿足了，你也把這些人當成偶像或生命導師在崇拜、追隨了。

那些讓你當下特別亢奮，讓你覺得被激勵的語言，對你的人生起了什麼作用？給了你什麼啟發？有了什麼樣的幫助？這些，全都是心智頭腦的語言，你聽出來了嗎？

我在二〇一六年參加了一個韓國偶像團體的演唱會，主辦單位的大姐對著我說：「很棒，很感動吧！」說實在話，我沒有太大感覺。我接著問這位大姐：「這些粉絲平均年齡應該只有十一至十六歲吧，這票價要新台幣三千到八千不等，不知道這些小朋友哪來的錢？」

「當然是爸媽給的啊，你沒看到現場很多都是爸媽陪同一起進來的啊！這個韓國偶像團體看到現場有上萬名小女生，有的甚至連看兩場，所以他們在台上努力對著台下眨眼睛、送飛吻、給愛心。結束後，他們還跟買了專輯和周邊商品的粉絲們拍手、擊掌、簽名跟擁抱；表演途中，還脫上衣展露身材。你沒看到，全場歌迷都瘋狂了！這一場是我辦過最有誠意的演唱會了。」

我跟她說：「偶像在我們心中的確起了很大的作用。如果我是偶像，我會抓住這難得的機會，對這兩萬名小粉絲說：『請記得謝謝你們的爸媽，謝謝他們花錢讓你們來參加演唱會。我相信，這門票的錢都是你們爸媽辛苦工作賺來的。沒有你們爸媽，你們不會在這裡，更不會有我們站在這舞台上，你們最應該感謝的不是我們的到來，而是你們爸媽。』偶像的一句話可以帶動粉絲向上，同時可以改善他們與父母親之間的衝突與爭吵。現場有兩萬人，一個家庭如果有四個人，一場演唱會可以影響八萬人呢。」

這位大姊很驚訝的看著我，問我怎麼會有這樣的想法？

我更驚訝的回看大姊：「為什麼妳和這些偶像們都沒有這樣的想法？如果妳女兒的偶像這樣對妳女兒講，妳一定也會支持她及她的偶像不是嗎？」

那為什麼他們不講？只要三十秒而已。他們不願意這樣說嗎？還是怕被粉絲討厭、嫌囉嗦？

你沒有的，自然給不出來。

好比前面說的那些心靈給予者，他們內心有什麼，第一時間就會給出什麼。我們以為從這些偶像或生命導師身上，獲得了心靈平靜，但其實助長了心智頭腦的發展。我們學到的是這些，一樣不自覺的也會用學到的這些去助長了他人的心智頭腦。

很多當紅藝人或知名人物，遇到問題就跑來問我的意見。通常找我談的內容都不脫排行榜、銷售量、人氣、買氣、票房……，而他們在意粉絲人數的程度，遠遠超過在意粉絲本身。

偶像們在舞台上對著粉絲說著：「我愛你們」、「約定下一場要再破紀錄」、「今晚要讓大家嗨翻天，罰錢就罰吧」……，這些不都是粉絲最想要、最想聽的嗎？和粉絲們站在同一陣線，是擁抱粉絲最好的辦法，能給的全給了，夠誠意吧。這樣的偶像到底為粉絲做出什麼樣的示範，給予粉絲什麼樣的力量？我們在抱怨這個社會亂七八糟、倫理崩壞的時候，有沒有想過，最愛的偶像或是身為粉絲的我們，又為這個社會做了什麼？

如果有人建議你，要怎麼去對付你的老公／老婆，告訴你，接下來一整年你都會犯小人；那這個人的心中，有的就是對付、權謀與猜忌。如果有人建議你，該怎麼做才會成為偉大的激勵大師、超級講師、談判高手、世界第一，教你怎麼做才能成為一個成功的人；那麼他的心中就只有追求，只有輸贏，從沒教會你去享受當下的快樂與滿足。想想看我們身邊是不是很多這樣子的人？或者我們自己就是。

我心中願自在平靜，世界和平，但給出了抱怨有理；

我心中願感恩放下、問心無愧，但給出了占人便宜；

我心中願虛心寬容、尊重傾聽，但給出了驕傲蠻橫。

你無法推廣連你自己都不了解的存在狀態，老天爺不是看你發了什麼願，來決定你是不是一個好人，而是看你給出了什麼。

有錢出錢，有力出力，你內心有什麼，自然就會給出什麼。你沒有的東西是給不出來的。

Chapter 6

懂得辨識才不會成為盲從者

孔子說：「視其所以，觀其所由，察其所安。人焉廋哉？人焉廋哉？」意思是說，一個說得頭頭是道的人，還是得仔細觀察他的行為舉止，是不是跟他說出來的一樣，你才會了解他的底細，然後再來決定要不要相信他。

現今社會不缺會說的評論家，說到嘴上冒泡的人太多了，打開電視就一堆，名嘴何其多。

但要如何辨識一個人是否言行合一呢？

脫口而出的語言，應該要被全方位檢視，但我們從小沒有被教育該怎麼辨識。我們都懂「言行合一」這四個字的意思，卻沒意識到，我們往往還是把一個人所說和所給分開看待了。

站在哲學的角度來看，事情本就一體兩面，過多或不及的思考邏輯，都會為生命帶來災難。一個言行不能合一的人，他所說出來的話，就會帶有明顯的動機與目的。你會感受到激動、高昂、包裝、掩飾、毫無誠意，這種「很油」的人充斥在各行各業中，他們的表情及聲波，好像是透過相同頻道所播送，全都是一個模子印出來的一樣。

在一個高情緒的環境裡，某人正說著煽動性的語言，你有沒有想過，這人換到不同的時空背景下，還會堅守相同的立場嗎？你只要稍微理解一下，就會看出，在這種人的對話結構裡，充滿了矛盾與衝突。這種場景或這類型的人遇多了，對你的心靈成長不會有太大的幫助，但對心智成長倒是幫助不少。

能言善道的人太多了，說到讓你感動、讓你落淚、讓你覺得應該為自己的生命再努力一些……。他們談的都是我們人生中不夠完整的區塊，例如夢想、委屈、不足，或者對家人的虧欠等等，這些語言見縫插針，粉碎了我們長期以來所表現在外的、若無其事的堅強。最後，再用「愛的力量」讓人脆弱的真情流露，還向他們敞開雙臂感謝他們，讓自己得到可以改變的機會。一堆盲從者，興奮的說著今天真是收穫滿滿，全身充滿正能量。兩天後，你再看看這些人的作為，又瞬間沒電了。

只要你具備辨識的能力，仔細觀察這些能言善道的演說者，試著搬動他們的思考邏輯，就可以從生活面向看出他們實踐了幾成。比較會說、比較敢說、剛好有機會讓他說，貪婪者大概都屬於這一類型的人。

有一個專門教人維繫愛情的講師，她教大家如何與另一半相知相守，但是她的感情世界一團亂，沒辦法對感情忠誠，她比誰都痛苦。

另外一個教人如何在最短時間賺進天下財富的年輕人，其實負債累累，連生活都有問題。他的行為荒腔走板，根本近乎偷拐搶騙的程度，但還是有一堆人跟著他、向他學習。

多年前，有一位號稱國際級的超級講師，跑來找我這個默默無聞的晚輩，希望透過我在某個領域的名氣幫他宣傳、招生，而他只負責上台演說。那時他已經是「國際」、「超級」等級了，我當然要向他多多學習。結果他舉辦的全部免費的場子，竟然還因為人數不足而取消，太令人匪夷所思了。

另一個擅長網路行銷的創業家，跟我說想要幫我提升我的臉書瀏覽量，讓更多人透過臉書認識我，他還說網路上很多知名的粉絲專頁，都是透過他在操作。我去看了他的粉絲專頁，粉絲人數少得可憐，按讚與留言幾乎都是個位數，不知道這中間是不是有什麼誤會，我覺得最應該行銷包裝的是他自己耶。

還有一位自封大師，拜佛虔誠，她談的是愛與接受，教人要懂得放下，凡事不要計較，但是她卻與家人關係緊繃、與人合作過河拆橋、遇好處占盡便宜，連我都可以感受到她內心強大的憤怒能量。

我還認識一個在上山浴佛時，誠心祈禱社會少點亂象，大家都說他好慈悲。但他卻為了分家產，不惜與兄弟姊妹失和，最後子女集體將父親趕出門，看著父親無家可歸，流浪在外，全家卻無動於衷。他對外只說，這是其他兄弟姊妹造成的，父親本來就不屬於他一個人。

你看出什麼端倪了嗎？辨識能力真的很重要，這些顯而易見，可以立即對照同理的事情，為什麼沒有辦法在第一時間辨識出來？我們表現得好像自己全知全能，但其實早已被五感的外在世界所蒙蔽，錯把幻象當實相。所以啊，盲從者永遠是貪婪者的最愛，貪婪者永遠知道盲從者需要什麼。

「有所求」、「想成為」，這些都會讓有心人看見我們心中的「貪」。如果腦袋不夠清楚，將失去辨識的功能，遲早會為自己的人生帶來麻煩。

只有當我們不再愚蠢，生命，才會變得更加有意義。我們為了追求生活並得到自認為的快樂，於是心智頭腦把多數人的生命弄得支離破碎，不懂辨識，終將成為一個盲從者。

Chapter 7

一切都是為你好

身為一個心靈影響的教育啟發者，我的工作就是不斷大量的與人對話。我見過太多人，他們的頭銜大有來頭，成就和財富也令人望塵莫及，他們喜歡跟人分享成功經驗與人生道理，但私領域卻是一團糟。

他們在各種關係中的相處互動，是你無法想像的糾結，往往不是外人看到的和諧圓滿。最神奇的地方，是他們樂於協助周遭人解決關係中的所有問題，並企圖引導周圍的人，依照他們的指導去積極處理關係。

我們是否真的有看懂自己對他人是如何進行掌控的嗎？當我們過度注意別人的言行舉止，其實就已經具有顯性的占有欲特徵了，這樣的特徵，即將為我們釀成大禍甚至滅亡。

殊不知，一旦過度付出，造成另一方產生了負面情緒，如焦慮、煩躁、恐懼等等，都可以歸類到廣義的病理性範疇了。有時候，我們不自覺的採取了一些過分的控制與措施，自以為是的為他人好，最後卻是彼此關係的嚴重破壞。都已經讓對方窒息了，卻依然不肯鬆手。

戀母情結、戀子情結、夫妻伴侶、姊妹閨密、兄弟情誼之間，最容易出現這種「我這麼做，一切都是為你好；聽我的、相信我；……」的劇情。

有一次，我在福州結束了一場演講，演講場地離我住的飯店不遠，於是我跟大家招呼一聲後，便一個人走路回去。我看著自己搖晃拉長的身影、清楚的腳步聲及呼吸聲，沿途，我突然莫名的感覺哀傷，我開始回想、反省並懺悔著自己的過去。

我是不是也曾經過度積極闖入他人的世界？我總認為我這麼做全是為了對方好，一點私心也沒有，甚至犧牲了我的時間、我的睡眠、我的健康、我的金錢等等？其實，當你把這些話說出口的同時，你已經在用一種軟性的姿態，逼迫他人向你妥協了。我把每一段關係處理得緊繃而混亂，卻還不覺得是自己出了問題，原來我才是那個需要被洞悉與療癒的人。

一進飯店房間，我立刻打開電腦，我要立即開始寫作，這可以讓我從某個糟糕的狀態中轉化、修復。

我懂了，我應該要真誠微笑送出祝福給身邊所有的人，而不是過度擔心並介入、干涉他人的人生。這一晚，我為了自己過度為他人好，造成他人的困擾而羞愧。

當我們過度為他人好，就是我們正在對他人進行催眠，這樣的催眠方式和詛咒沒有兩樣。我們準備向對方實施控制：全世界不會再有人像我這樣愛你了；如果沒有我的幫忙，你會倒大楣；不照我的話做，你就要出問題了……

不管是否干預了對方，我們的語氣都已經為干預做了鋪墊，這動機如此強烈，我們卻看不見。我們的掌控範圍，跨越了沒出事的現在與已出事的未來，這麼深層的高級心理活動，其實是讓人很害怕的。

從你的表情以及欲言又止的態度，看得出來你不是那麼情願，你也在做一些抵抗；但你還是得順從，因為你知道我這一切都是為了你好。「你如果不順從，就『辜負』了我。」「你真的捨得我難過嗎？你這麼殘忍，之後得背負道德譴責，會一輩子良心不安，甚至可能失去我。」

我們對他人的付出，就是用這種不成熟的心理統戰，這是自我追求安全的全面控制而不是尊重。在此情形下，彼此的能力會互相拉扯，內心的平衡能力完全下降，情緒小聲音不斷，應對外界的本事也嚴重倒退，導致現實生活中矛盾重重，催促著危險加速到來。

「一切都是為了你好」，但為你好到什麼程度就會變成「過度」呢？

這果然是一個簡單、複雜又不知該如何回答的問題。

有多簡單呢？只要一段話就可以回答清楚了：「問問接受你的付出的那些人，你對他的好，是恰當的還是過度的？聽聽他的回答，或者看看他的反應，就是唯一的標準答案。」

為什麼複雜呢？付出者永遠覺得是為對方好，縱使對方痛苦、陷入兩難，還是依然故我；明明自己就是加害者，卻不了解為何對方會感到窒息。這就是為什麼，這麼多受害者來到我這裡之後，我會讓對方知道，原來自己才是加害者。

大家最常看到的場景是：我是如此愛你，對你這麼好，你卻對我暴怒或產生距離。愛的故事透過如此大的誤解在舞台上展開，我無法想像舞台上的人，有哪一個是自由快樂的。我們的心靈都已為此付出了慘痛的代價。

Chapter 8

不是世界複雜，而是你把世界變複雜了

家是孩子最安全的地方，只要父母親在，我們總是自由自在，無拘無束，想做什麼就做什麼。對於未來，我們有著無限可能，所以我的志願裡，關於未來的憧憬，全是肺腑之言。

隨著年齡增長，發現這個世界竟然欺騙我們，它露出了本性，被聰明的我們看破手腳。現實不停的出招讓我們覺得厭煩，只有笨蛋才會相信我的志願還會持續存在，於是我們不知道從什麼年紀開始，再也不想聽信任何人，我們變得理智，理智得讓我們以為，自己一直都是處於清醒的狀態。

生存，讓我們失去了自我？

其實，不是世界複雜，而是你把世界變複雜了。

問題不在世界是什麼樣子，而在於你是什麼樣子。什麼意思呢？你是怎麼定義發生在你眼前的一切呢？定義，為我們的生命帶來意義，你就是用自己定義的一切，展開了關係脈絡，再與他人的定義產生碰撞。然而所有的衝突就是從這裡出現。複雜的不是有形世界，是因為每一個人的「定義」不一樣。

學生時代，誰不是年輕氣盛，有的是時間與體力，迫切渴望成功，從不覺得自己身上有刺，就算有，也只是因為一心追求真理、捍衛信念。心智頭腦造成我們的內心世界一片混亂，讓我們沒一刻平靜。拔刺的階段煎熬難受，必須擁有向內直視的勇氣，才會看到自己的問題。

很多人的思緒被干擾得很嚴重，生活得相當痛苦。他們找了很多諮商師、精神科醫師，催眠的、通靈的、算命的、靈修的，能找的都找了；或者去上一些課程，學到了一些諮商技巧或釋放壓力之類的方法。

這些人詮釋引導的方向大概是：「你現在所受的痛苦，都是因為過去的某件事情，也因為你的爸爸、你的媽媽……」接著說：「這不是你的錯，要正面思考、再樂觀一點，記得照顧好自己的心情，不要去擔心還沒發生的事情，還有，睡前記得要吃藥喔……」

這種因果定律相當簡單，我們普遍也比較能夠接受類似這樣說法的指令，接著，我們被帶領去看到自己的不幸，全都源自於過去某個心理傷痛。諸如此類的，人人都能拍拍對方的肩膀說上幾句。

我們開始回到過去，努力想要從有限的記憶中，翻箱倒櫃找出原因，卻陷入把所有過錯都推給了過去的情況。過度聚焦在過去，用它來說明現在的一切，反而落入無奈的宿命框架中。

在尋找自我的過程中，許多人當時根本就還不知道是怎麼一回事，就被迫去面對過去的傷痛，有人大哭、有人崩潰、有人無法接受過去，一堆人在現場鬼哭神號、呼天搶地，你以為是能量釋放了嗎？並沒有，那只是一種情緒移轉，以為自己終於脫離苦境了，其實卻是加深了自己是受害者、被迫害的認知。這只會讓當事人的痛苦更加嚴重，最後根本走不出這恐怖的情緒黑洞，傷痛還在，沒有離開。

你有沒有發現，受害者的共同語言永遠都活在過去，你還得陪這類人一起回憶，你以為他是在陳述一段往事與經歷，其實他早已習慣對外輸出抱怨，傷神又耗電，你全身能量都被他吸乾了。

過去的經驗對之後的行為模式，當然有重要的影響，但決定我們一生的，絕對不是這個事件本身，而是透過這次經驗讓我們學到什麼。哪來這麼多好事或壞事，事情本身沒有好壞，全取決於你的定義，你的定義賦予了這次經驗什麼樣的意義。

為什麼好事總是降臨在他人身上？

你發現了嗎？並不是先有「好事」，一定是先有那些把它稱為好事的人。

答案，絕不是由誰來告訴你，你必須自己親自去找、去經驗。從別人那裡得到答案，只不過是頭痛醫頭、腳痛醫腳；他們不是你，所以他們給的答案，一點價值都沒有。我們到處聽，到處問，到處亂下載，不是世界複雜，而是你把世界變複雜了。

Chapter 9

我才是受夠了

很多時候，明明做錯事的不是你，但卻要看別人的臉色？明明被傷害的人是你，但最先蹲下哭泣的也是你？你也有過這樣的情形或遭遇嗎？我們總是在意被評論、被討厭、被排擠，於是我們一再的迎合討好，就算受點委屈也沒關係，因為我們都不希望跟這個世界格格不入。最後你融入了這個世界，可是你卻不喜歡這樣的自己了。

這個世界就是這樣，你要比它更有力量，才能重新拿回自己的生命。我過去總是因為他人的言行而卑躬屈膝，人活著為什麼要這麼卑微呢？原來是我自己內心的力量不夠，勇氣不足，所以沒能真正活出自己。

當初講好要一起前往的夥伴朋友，一個個有了光明正大的理由，紛紛離去，也有人不告而別，沒有原因、沒有理由，就這樣消失了。明明說好一起了不是嗎？為什麼就是有人說話不算話？

我這幾年與數以萬計的朋友對話，我發現，多數人並沒有真正下定決心要全力以赴，他們沒有不計一切代價來達成自己設定的目標，只是一味被動、無作為的，期望目標自動達成。這實在太過荒謬，如果繼續維持一樣的做法，得到的結果就會和以前一樣。我們總是輕易的放棄承諾，然後再許下另一個承諾，這樣的反覆我看得都厭倦了！

我們是怎樣，結果便是怎樣。表現怎樣，未來就會怎樣。從小到大，你編織過多少美夢？現在看來，是不是都已經成為回憶裡的空想了？希望一再落空，你怎麼有辦法一次又一次坐視不理呢？這樣的慣性太令人心驚了。

有時候我會刻意挑釁惹火這些人，我看著所有人當著我的面，一次又一次欺騙，根本是跑來調戲我這老人家的。他們在欺騙別人，也欺騙自己，這些人早已爐火純青了。有沒有發現，我們對自己說謊的次數遠遠高過對他人說謊。

我們整天在緬懷過去、展望未來，卻從未發現今天已悄悄溜走了。日子一天一天過去，我們從來沒有抓緊什麼。每個人都在發夢、計畫，卻沒能為此刻當下做點什麼，我們就是飄浮的空氣，這和無根的浮萍有什麼兩樣呢！

絕大多數的人都是懶惰的，長期處在這種慣性領域裡，很可能將人引導到自己實際上都不喜歡的境地。想想看你學生時代的決心、你童年時期所懷抱的信念，犧牲奉獻、打死不退的精神都到哪兒去了？當年年輕氣盛的小夥子，現在都已是大叔、大嬸了，依然還有很多人是鴕鳥心態。

以前我同情這些人，總覺得他們的生活有太多的框架、太多的不得已，但現在我懂得去尊重他們，不要去干涉他人的人生，只需要在一旁看著、支持、鼓勵，並給他們勇氣就行了，因為對他們來說改變的時間未到。

我看著多數人對生命感到幻滅，但他們確實曾經數度充滿期望與激情，時間真的太殘酷了，它讓所有人對自己成功的信心愈來愈少，滿腔的熱血也愈來愈冷淡、微弱。他們幾乎就在不知不覺間，培養出一種心態——任由時間流逝，偶爾想到就無奈、嘆息一下，覺得惋惜，卻依然無動於衷，繼續告訴自己「我一切都很好」、「這樣也沒有什麼不好」。既然如此，又為何到處抱怨？我真的沒有辦法讓自己這麼錯亂。

我一個人摸黑走了好久一段時間，受夠了原地踏步、一事無成，我受夠了自己人前人後，我受夠了一身的負債，我受夠了自己條件不夠好，我受夠了自己軟弱無能，我受夠了自己迎合討好，我受夠了已經這麼努力卻沒被注意到，我受夠了沒辦法給家人更好的生活……，我真的是受夠了！

現在想起來總覺得好笑，我抱怨的全是外在世界，我從來沒去想過自己的問題在哪裡。我不知道，原來調整內心世界，會讓自己的轉變這麼快。

上帝拿走你某些東西，並不是要讓你痛苦，而是因為要給你更好的。在我對生命感到無能為力的時候，我才明白，每一個在我們生命中出現的人，他們看似來折磨挫折我們，其實他們正帶領、教會我們某一個關於看懂自己的重要道理。他們總是迫使我們去注視鏡子，看到自己。

別人使我們不悅的特質，往往是反映出自己身上的某些個性，只是我們還是不願屈服於這些個性，我們還沒有勇氣，還沒去準備好去面對自己。

當你想到這些人的出現，最後都是為了要讓我們更好，心中對他們的態度就會轉變，從厭惡責怪轉為愛與感激。

當你受夠的時候，鬆開你的手掌、放下你的心智頭腦，留心你的老師，他們就在你的身旁。你永遠不曉得，他們會用哪一種罕見或神祕的形式出現，不管你是否接受，這一切已經為你帶來意義。

Chapter 10

創造令人舒服的振動頻率

你打過鼓嗎？擊鼓的時候，旁邊另一個鼓也會產生相同頻率的音頻振動，無需碰觸就會發出聲響。這就是共振。

生命也是如此，當我們處在一個空間裡，不由自主的便與當下的氛圍融合。每個人身上的氣質、味道、思想及性格等，會創造出個人獨特、呈現於外的能量場。這個能量以一種肉眼無法看見的頻率，向外持續推送，在任何時刻及任何地方，被另外一個相同的頻率接收到，然後共振。

關於自己的頻率，每個人內心多多少少是清楚的，你想要投射出好的頻率還是壞的頻率？你的狀態，會在自己的生態環境裡投入同等的能量。有什麼樣的振動頻率，就會得到什麼樣的回報。

我們身旁或多或少都有一些慣性負面思考的人，這些人的信念系統有著異於常人的負面性，他們會在自己的生活裡發射出高的負面頻率。比如說：「我爸媽真的很偏心、老闆真的很討厭、她一定是因為她的美色、我老公眼裡只有工作、為什麼倒楣的事情都發生在我身上、你看又來了吧（翻白眼、不耐煩）……」永無止盡的抱怨。

假設那些抱怨的話不是開玩笑，而是發自內心的自然反射，那我們就是未能覺察到自己正透過所選擇的言詞，創造出某種頻率，而這頻率，將召喚結果進入我們的生存世界裡，最後「美夢成真」。

有位學生跟我說了一個狀況：「我老公在工作上總是有他自己的想法，我覺得他考量太多了，我真的沒有辦法再等下去，我已經透過其他管道去處理這件事情了，而且這結果我相信對他才是最有利的……」

「妳跟妳老公溝通過了嗎？他知道妳去找其他人處理了嗎？」

「我不理他啊，我去找了他最不希望我去找的人來幫忙處理了……」

「妳很急迫的想要處理一些事情，但溝通的最高境界就是：全程舒服。尤其妳從事業務工作，更要隨時提醒自己這一點，客戶在哪個環節不舒服了，是不會跟妳說的，最後為什麼沒有成交，我們往往搞不清楚。」我點出她和老公相處的問題，「我能夠想像出妳對妳老公說話時的語氣、眼神甚至是當時的肢體動作。我相信妳確實如妳所說，『我才不理他』，而這一定會讓妳老公感到不舒服的。」

我們常常用腦不用心，所以總是被頭腦牽著走。頭腦喜歡作弄我們、調戲我們，心卻永遠是真實的。往往心已經告訴我們答案，也決定要這麼做了，但下一刻，頭腦就會回應我們：「是啊，完全正確。不過、也許、萬一、但是、假如、因為……」，我們總以為是對心恐懼，其實恐懼是從頭腦來的。

如果我們很刻意的幫助別人，一味希望對方好，那個積極的意念已經干擾到別人了。我們自認為打從心裡為對方好，所以對方必須再多穿兩件衣服才不會冷、一定要再多吃兩碗飯才不會餓、要先右轉然後再左轉，這樣才不會出事。

多數人很喜歡硬闖他人的生態，不但沒去看見對方早已顯露出痛苦的表情，也沒聽出對方善意的委婉拒絕，還企圖強勢的改變他人長期維持的平衡，這都會造成極度混亂的頻率。

有沒有看見對方笑得多開心，你唯一要做的就是接受對方散發出來的頻率，並且真心祝福、支持就好。只要這麼做，你們彼此將會有很棒的共振。你讓人感覺舒服，對方自然回應你一個微笑，帶著笑容走向你，彼此的關係都改變了。

過去，你對別人的好，帶著不自覺的強迫性，全是自我感覺良好，實際上你給的東西別人並不一定需要。敏銳一點，他需要的東西才給，而不是給你想要給的。對方不會有壓力，你也不會有受害者心態，覺得自己真心換絕情。

生活中或許都會遇到一些磨難，這都不足以拿來抱怨，抱怨會導致我們正面能量的振動頻率快速下降。不論如何，我們的生命至今，早已幫我們完成了許多任務，它畢竟成全了現在的你，所以務必心懷感激。

訊息多了，同理與感受就少了，我們隨時提醒自己，讓靠近你的人都很舒服，去創造這樣子的振動頻率吧，多棒！

Chapter 11

吃虧了，老天爺補給你！

補償法則是這麼說的：「每當你失去一樣東西，就會得到一樣東西。」我們眼前的一切，就是一個補償系統。每一種缺陷都會由另一種方式來彌補其不足、每一種痛苦都會得到回報、每一種犧牲都會得到報酬、每一筆債都得償還。雖然不知道此刻暫時性的挫敗，還會為我的未來帶來什麼非預期的失望，但我知道我終將再次獲得。

在遭遇困難的時候，有沒有可能暫時忘記自己的煩惱，還可以伸出援手，去幫助你所看到需要幫助的人？多數人在陷入痛苦的時候，看不見他人正遭遇更大的難題，因為自己眼前這一關都過不了了。如果你懂補償法則你就會明白，當我們伸手去幫助那些不幸的人，我可以確定沒有任何的努力會白費，老天爺會用某種形式在適當的時機給你回饋。這些回饋不見得是直接從對方得到，自然會有其他的來源。你給予，祂就給予，這就是宇宙法則。

我在最難受的時候，能抱怨的我全抱怨了，可是還是難消我心頭之火，我只好抬頭抱怨老天爺，為什麼要讓我這麼辛苦？讓我更生氣火大的是，老天爺總是不回應我的憤怒與難受，不說就是不說。

原來祂的沉默是如此的用心良苦，祂何嘗不想幫助所有人，只可惜當時我沒能領悟，才會無法穿越重重關卡，多受折磨也是應當的。我嚴重的誤解了老天爺，將祂的慈悲視為殘酷與不公平，原來不保護才是最大的保護。

為什麼所有人老是針對你？其實是你自己在跟自己作對，所以，何必不開心呢？試著把自己主觀的看法從事實中拿開，你會比現在快樂許多。

「我已經在股票市場損失一百萬了！我既瀕臨破產，又覺得很丟臉。」

損失一百萬，這是事實；瀕臨破產覺得丟臉，這就是你的看法！

分手了，這是事實；我過去的付出全都白費了，沒有他我會活不下去，這就是你的看法！

業績不好，這是事實；大家一定覺得我是一個偷懶無能的人，這就是你的看法！

我又矮又肥收入又低，這是事實；一定沒有人喜歡我，大家都在背後嘲笑我，這就是你的看法！

我們的心智頭腦很可惡，只會扭曲了事實、討厭起自己，所以我們多數時候總是不開心，也好像很習慣這樣的感覺了。

不要再抱怨了，何不把這些定量的恐懼，當作是一個激勵的力量，不論受到多大的委屈或損失，老天爺自有定奪，祂自然會用另一種形式讓我們獲得，並為我們的人生帶來強烈對比。多年後你會發現，過去那些讓你痛苦的人，他們還在繼續受苦沉淪，然而你早已經不一樣了，這真的很奇妙。

每一天，這個世界提供了許多機會，讓我們從中學習、成長、轉變、覺察到周遭的事物，以及自己是如何的影響身邊一切的人事物。

學著去尊重身邊的每一個人，因為在尊重的背後，就是我們每一個人對生命的敬畏。一個謙卑的人不會自我否定，而是去接納自己的不足，欣賞每一個人的優點。當你開始接納自己的平凡，那就是一種偉大。很多時候我們感覺生命受到了威脅，必須透過一些管道釋放這些不安與憤怒，而抱怨，就是一個讓我們當下可以立即感受到自己很有力量的方式。

這些憤怒的情緒在我們的周遭蔓延開來，波及他人，他人肯定也不舒服，於是連同他自身的憤怒，一起回到我們自己身上。我們給出去的一切，到頭來繞了一大圈，最後還是要親自體驗這份傷害。

我每次只要看到那些閃閃發光的人，身上散發著光輝亮點，實在無法想像他們到底要付出什麼樣的代價，才可以換取這樣的人生？他們是怎麼熬過那一段黑暗期的，五年？十年？這需要多強大的心理力量來支撐啊？人前顯貴，人後受罪。所以，這是他們應得的，老天本來就很公平。

老天爺好像就是要我們每個人去經歷這些，才能真正看到自己的價值。這不僅會讓你快樂，還會帶你進入與人事物和諧一致的境界。

愈是無私與人分享你的生命歷程，你就愈能參與「讓這個世界不同」的行列，而這個世界給你的回應也愈能「讓你變得不一樣」，這全都是你應得的。

人虧天補！

Part 2

人人都想讓自己更好

Chapter 1

回歸本質才能人生起飛

很多人找不到自己的定位，對未來感到迷惘，他們問我怎麼辦？在我的認知裡，我還是希望從本質談起。本質就是一個人的原本樣貌，永遠不會隨著外在世界的影響而改變，很多課程或測驗工具，會把你一下變成這樣，一下又變成那樣，這種會變來變去的，都跟本質沒有太大的關連，那只會把你搞瘋而已。

亞洲人特別喜歡透過一些測驗來了解自己，我到每一個國家發現好像都差不多是這個樣子。這些測驗的費用從數百元到上萬元都有，測驗完之後，我們就會覺得，對，沒錯，就是這麼一回事，終於找到自己的人生目標，夢想即將起飛了。今天這個測驗說你是屬於第一種類型，三個月後，可能同一個測驗或另一個測驗又說你是屬於第二種類型，錢都花了，你打算依照哪一個？

有個學生跟我說她花了一萬多元去做了測驗，測出來的結果是屬於馬雲這一類型的，她高興得要命，報告上寫出了馬雲這個人的成功軌跡與思考模式，只要她學習馬雲的模式，就能像馬雲一樣獲取成功。

妳覺得馬雲本人有做過這個測驗嗎？肯定沒有，是囉！如果馬雲真來做這個測驗，測出來的答案也會是馬雲這個類型嗎？如果答案變成瑪丹娜這一類型，報告上也寫出瑪丹娜這個人的成功軌跡與思考模式，那麼只要馬雲學習瑪丹娜的模式，就能像瑪丹娜一樣獲取成功。

馬雲應該依據你手上拿的那份寫著馬雲的報告，還是用他手上那一份瑪丹娜的報告才好呢？

很多測驗喜歡列舉名人，但這些名人根本沒做過這些測驗，普羅大眾花了錢，覺得自己更接近名人了，至於名人為何是這個類型的代表，根本沒人去深思，測完了自己爽爽開心。這樣的測驗全憑開發者說了算，不能因為我留長髮就說我是女生、也不能因為我身材壯碩就判斷我是男生不是嗎？可是很多測驗都是透過外在的分析，來主觀判斷你的本質，但這是很有問題的。

再測一次，又變成比爾蓋茲或賈伯斯，不瘋掉才怪。不懂自己的本質，做了這麼多測驗，目的是什麼？我們的成功軌跡，被自己搖擺不定的信念，弄得要去看精神科醫生了。下場就像西毒歐陽鋒，找不到自己，不知道自己到底是誰！坊間課程或測驗絕對有它的依據，是你自己的心性不定，頭腦不清楚，只能一直往那去找答案。

3C電子產品都有使用說明書了，你我當然也不例外。在我們出生的時候，都帶著自己的人生使用手冊來到這個世上，這使用手冊是不需要透過測驗就能得知的，無法更動。我們對自己的本質認知不夠深入，操作不當，使不上力，渾渾噩噩，人生當然卡卡的。

通往事實的道路是坎坷崎嶇的，這條路不好走。透過人生使用手冊，讓我們看懂自己的本質，再依據生活歷程，進行量化加工。想要讓自己這個產品大賣，一切還是得靠自己，不要整天幻想著就快變成馬雲了，浮雲快些。

很多人羨慕貴婦們的生活，我就認識一大群貴婦媽媽們，我只能說每個人的煩惱不一樣，你看她們在那邊優閒喝著下午茶，其實頭腦和內心是糾結拉扯，我很為這一群「跪婦」心疼的。

前兩天有人寫信給我，說他不了解自己，不知道活著的意義與價值是什麼。我最後還是引導他回歸到本質面，看懂你的內心世界，你才知道自己到底要的是什麼。之所以痛苦，是因為對自身的本質還太過模糊、粗淺，加上外在世界紛紛擾擾，一堆熱心的民眾跑來給你亂報路，你也不知道該聽誰的，永遠在那裡轉圈圈，迷路是很正常的。

只有極少數的人能夠繼續認真的生活著，他們回歸本質，不停地探索、強化信念，擴大和更新自己對於世界的認識，一旦點連成線，本質會帶領我們飛翔，人生起飛，活出生命的意義。

Chapter 2

龍山寺的遊民與流鶯

二〇〇六年，我一心想著創業以賺取更多的財富，最後卻落得信用破產，所有的銀行都將我列為拒絕往來戶，我第一次感受到帳戶裡一毛不剩的恐懼。

只要經過路邊攤、自助餐或是麵包店，我常常餓到連一樣小東西都買不起，日子真的太難熬了，我不懂為什麼把自己弄得那麼悲慘。當時，我明明是別人眼中的大師了，哪一家報章媒體雜誌沒有來採訪過我，但我卻連下一餐的錢在哪裡都不知道，一無所有應該就是我當時的狀況。

中秋節那一晚，大家邀約去大吃大喝，我想到的是又要花好多錢而婉拒了。我獨自一人到了龍山寺，沒多久下起了毛毛雨，我索性與遊民們在寺廟旁的牆邊蹲下聊了起來。我一時興起幫他們看了每一個人的人生使用手冊，就這樣一個接一個。當時已經低潮難受好一陣子的我，只希望在佛前，可以藉由這一場雨帶走我的痛苦。

這一聊還得了，我在那裡待了五個多小時，前前後後認識了二十多位遊民，以及五六位站壁維生的流鶯姊姊們，他們覺得我太神奇，竟然可以從人生使用手冊裡面看懂這麼多事情，我一定是老天爺派來的天使。我當時覺得好笑，真是一群素質低沒文化的人，難怪你們注定成為遊民與流鶯。

我從嫌棄他們身體骯髒惡臭，到感受到他們把我當成自己的小孩般叫我要加油，最後我與他們一個個擁抱，叫他們快回家去吧！我只是無聊打發時間，雨一停就要走人離開了，但聽著他們一個又一個的故事，這些故事開啟了我內心世界的某一扇門，帶領著我一步一步的看到自己的問題，我自己也不好過，但與他們比起來，我有什麼好埋怨的。

有個大姊說，如果她的小孩像我一樣懂事多好！另一位遊民說我是具有勇氣和福報的人！當時我聽完都覺得天旋地轉，他們是在諷刺我嗎？你們懂什麼，我下一步或許就要與你們為伍了。

微風細雨，我的心既暖和又難受，明明他們比我還要窮困潦倒，但他們卻無私的給予了我這麼多的肯定與鼓勵。那是愛嗎？我在飄雨的路上，騎著摩托車一路哭著回家，真的好討厭這麼糟糕的自己。

沒多久後，我毅然決然離開了台灣，去中國大陸發展看看吧。

在中國大陸的日子裡，理智上催眠自己就快成功了，撐過就是你的，實際上早已三餐不繼，度日如年，根本連買機票回家的錢都沒有。我拉了一個行李，身上背了一個背包，手上提著兩個袋子，走鐵軌、睡車站、進公廁做簡單的梳洗，我在各個城市往返的時候都做過。

記得有一次，把行李跟背包丟過牆的那一頭了，好不容易千辛萬苦爬上了牆，才發現有一群野狗在等著我往下跳。這種電影情節竟然發生在我身上，我就坐在牆上跟牠們耗著，牠們上不來，我也死不下去。十多分鐘後，又是一場豪大雨，這群野狗竟然並沒有打算離開，全部站在樹下，而我就坐趴在牆上，被這場大雨沖刷了整整兩個多小時。老天爺好像拿著水桶似的，毫不留情的一桶一桶往我身上潑灑，我眼睛根本睜不開，好幾次差點掉下去。我知道祂正在玩我，祂想玩死我，而牠們正冷眼旁觀的笑著，牠們一定想著從沒看過這麼狼狽的人吧。

雨終於停了，牠們也離開了，我爬了下來，行李，背包全泡水了，我身上還穿著唯一體面的西裝呢，我笑不出來也哭不出來。我把皮鞋、行李、背包裡的水倒光，濕著身體，腰打直，拖著行李繼續往前行。

我不會放棄的，既然祢奪不走我的生命，我就會讓生命活出精采，我看著天再問天，我已經不想再跟祢說任何話，我會證明給祢看的。

看似雲淡風輕，卻是深刻到至今歷歷在目啊！

我原來不知道這些故事可以拿來跟大家分享的，有人因為聽了我的故事而激動，不覺得自己的生命苦了。或許是苦了太多年，那種感受我一直放在心裡，苦的，最後會變甜的。現今想起來，盡是感恩，和其他人相比，我才知道我如此幸運，還擁有一些力量可以啟發他人，給予幫助！

二〇一〇年，耳朵旁的聲音再次出現：「返家吧，人生重新開始，追尋你的內心吧！」於是我從淘金的大陸夢回到現實的台灣，歸零，從頭開始。

我開始在世界各地演講，這個世界上比我痛苦百倍萬倍的人這麼多，我明白了一個道理：「你的生存策略正在傷害你。」我開始創作一篇又一篇的文章、舉辦了一場又一場的演講，召開了一期又一期的課程，我只想告訴更多的人，我們就是痛苦的始作俑者。

只要你願意，生命就會自然演化發生，眼前陽光耀眼，我的生命也已冒出了新芽，人生正綻放著美麗，沒了憂愁，少了懷疑，多了自信，祂真的好棒！

Chapter 3

我已經竭盡全力的活下來了

昨天和學生們用餐，其中一位說，他從小學到高中這十二年，都是念私立貴族學校，除了小康家庭的他，班上全是有錢人家的小孩，所以有錢人的眼神與態度，他天天看，也領教了數百數千回了。

他的學生時代不開心，一方面他的父母親是開文具店的，二方面班上同學每個人開口閉口談論的都是新球鞋、家裡的車子、父母親的工作、寒暑假去哪個國家旅遊等等。

每天上下學，他只能選擇走到學校一百公尺外的某處，讓父親接送，因為校門口全是名車、進口車，哪一個不是家裡派人開車來接送的。對一個才念小學的孩子來說，他的確沒有準備好，無法面對同學的戲謔與疑問。

他說他曾經站在走廊望向前方的教室，他看到的是一片黑暗，他不想進教室，因為裡面有很恐怖的東西。他跟這一片黑暗對抗了十多年，但他沒有辦法跟任何人說。莫名的抗拒與困惑，總是無時時刻刻的跟著他，縱使出社會多年，不會有人知道，他為了讓自己盡可能的不歪掉，得花上多少的時間與力氣去自我調適。

原來，這幾年他這麼努力參與學習與踴躍發問，是有原因的。對我來說，這就是面對的勇氣。最令人開心的是，他一直都懂得父母親的勤儉與用心良苦，我從他的眼神中，看到的是他對父母親的不捨與自己的不懂事。

我真的很感動，也覺得很有成就感。

改變不是簡單的事，也許需要一生那麼漫長，多數人半途而廢，聲稱已經竭盡全力了。面對，才會帶來真正的改變，你有多願意，改變就能多成功。

很多人生活上不如意了，受了委屈或者想不透了，就會跑來我這裡，想要聽聽我的看法，彷彿我能夠給他們什麼幸福快樂的葵花寶典。而我所能做的就是陪伴與聆聽，另一方面，還要適時的讓這些頑固的心智頭腦明白，生活的真相不是心智頭腦所理解認知的這樣，我們必須勇敢接受人生的不堪，不要慣性逃避。

我慢慢的能夠在第一時間聽出矛盾點，很快就提出核心問題，讓陷入低潮、迷失好一陣子的當事人，找到問題在哪裡。不誇張的說，很多學生或讀者常常寫信跟我分享：他們原本有很多煩惱，但因為我簡短的心理狀態分析或者一篇文章，而得以緩解、消釋。我開心的不是因為他們的恭維或客套，而是他們可以不用為了某件事情而困惑，很替這些人開心呢！

在別人眼中，我確實改變了許多人的人生，很多人看到我會跑來擁抱我、感謝我，甚至流下眼淚。我不知道我到底做了什麼，我才要謝謝生命中這麼多人帶給我力量。

每個人的故事都成了我寫作、演講及課程裡的創作元素，我看著受苦的人們，他們在經歷了迷惘和傷痛之後，依然能夠綻放勇氣、堅定生活，擁有信心、幸福的我們，實在沒有道理一直抱怨。

我看到了人性的溫暖和勇氣，這些人溫暖了我，也鼓勵了我，最後啟發了我，我永遠都是那個收穫最多的，施比受更有福大概就是這個意思。老天爺很照顧我，讓我這門外漢一路摸索碰壁竟也能走到這裡。我真的是一個幸運兒，我的人生也早已經不一樣了。

當我們走出家庭，離開學校，進入社會之後，我們會在某個城市、某家公司扎根、漂泊、留守，我們開始謀生，開始逐夢，開始在愛的路上跌跌撞撞。我們開始讓生活中的每一段關係，時而簡單時而複雜，年復一年，我們卻忘了原本的樣貌，不知道自己到底追求的是什麼，不知道自己到底在幹什麼，我們失去了自我、失去了勇氣、失去了笑容。

你有你的煩惱，我也有我的煩惱，在每一個人生階段裡，在相似的大時代背景下，煩惱的核心基本上都是雷同的。

「都會沒事的。」這就是我想對每個人說的，因為我看到、聽到的結果，最後全都是這樣收場的。你經歷的都是同齡人正在經歷的，你的朋友和我的朋友們也都經歷過。

你以為只有你孤單一人在面對？其實並沒有，你不孤單。我們每一個人都跟你一樣，竭盡全力的讓自己活下來了。

Chapter 4

拼湊自己的人生藍圖

人生就像一場比賽，過程難免高低起伏，誰輸誰贏還不知道。每一個轉彎處都是最緊張、危險的，但也只有在這關鍵時刻才有機會超前，扭轉局勢！危機就是轉機，天無絕人之路，只要你想生存下去，自然會想出一套辦法，生命真的會幫你找到出口。

我在香港機場轉機時，在書局裡看到了一段話，這一段話讓我有了一些靈感，我回台灣之後，繼續將這個未完成的靈感延伸出一篇文章來。這段話的意思大概是，「人的一生就像一張拼圖，我們到底花了多少心思與努力來拼湊自己的人生藍圖，好好接受自己親手拼湊出來的作品……，我們都活在一個所有的道理都知道，但就是做不到的世界，既然如此，誰也不要在那抱怨。」

我當時的頭腦浮現出：「歡喜做，甘願受。」後來在飛機上，我再一次思考這段話的意思，覺得這一段話應該給予更好的解釋，靈感一來，就有了第二句話，「積極做，豐盛收。」歡喜甘願，對我來說還是太過苦情與認命，我更喜歡積極豐盛，這感覺比較令人期待與雀躍，是吧！

我們想成為什麼樣的拼圖？站起身，積極往前邁進，靠自己去拼湊完成。每一天的思言行、身語意，都在為自己的人生加工，這些加工決定了我們將成為什麼樣的作品，作品能否大賣，就看我們為自己做了什麼處理。

在作品尚未完成之前，我們絕對擁有改變結局的能力，只是加工過程難免辛苦，實踐更是無法持續。於是乎，人生的拼圖就停滯荒廢在某個時期，隨著時間的消逝，原已拼湊上去的小拼圖也一塊塊脫落，落得無人觀賞不受歡迎。最後，我們失去了信心，迷失了方向，滿心期待的豐盛，只能要求自己要懂得甘願受，沒魚蝦也好，不然怎麼辦？

沒有豐盛那就甘願，感覺上很有哲學智慧，但算不算也是一種為自己行為脫罪的話術呢？

很多人覺得來日方長，不是再看看就是再說吧！我們不是一直希望自己能夠愈來愈好嗎？我們必須擁有一鼓作氣的精神，直接啟動生命的開關，此時此刻就是開始的最佳時機，不懂大家到底還在等什麼？兔子不會一直來，我們也不會天天在過年。

我們必須充分利用每一天，定出目標完成的時間，否則將會遙遙無期。透過實踐不許食言，讓每一天都能成為生命中的小拼圖，為自己的人生藍圖增添信心，階段性的人生代表作才會呈現在眼前！

蘋果公司的賈伯斯說：「當我還在大學裡時，不可能把這些點點滴滴預先串在一起，但是這在十年後回顧，就顯得非常清楚。所以你得相信，你現在所體會的一切，將來都會連接在一塊。」

每個人的人生藍圖都有它的軌跡，現在所經歷的事，未來將會格外清晰明白，老天爺真行，一切盡在不言中。細心回憶過往的點滴，成功與夢想的種子，早在某個時刻就已經種下了，我們必須積極運作、拼湊讓它萌芽。

不論此刻的你正值順境還是逆境，全憑你自己去定義它，我知道沿途出現的人與事，讓我們擁有足夠的力量來支撐熱情，提醒我們莫忘初衷。人生本應如此才是，積極做出行動，最後豐盛收下這最棒的禮物。

Chapter 5

及時表達對他人的善意

二〇一五年的聖誕節，我收到一封信，有個年輕人告訴我，我當時去他們學校發表畢業致詞，雖然距離畢業的時間已經過了大半年，他說他想要寫信給我，是呼應我當時演講的主題：「及時表達對他人的善意。」

「你的畢業講稿帶給我太大的震撼，你就像一位帶領我前進的大哥哥，我願意敞開心胸去接受你所說的，你的每一句話，都像是送給我的人生智言。我對這類的演講都沒有抱太大的期待，但我卻被你說的每一個故事深深感動著。」

其實，我沒有像他說的那麼好，我也跟所有人一樣，都在學習讓自己更好，我相信，那一場演講一定是對他有了一定程度的啟發。

演講開頭我問了大家：「這一生中，有沒有什麼讓你後悔的事情？」

我後悔著什麼呢？我對著這一群學生說了一些故事。我告訴他們，所有故事其實可以有不同的結果，只因為當時的我，沒有及時的表達對他人的善意。如果你們看到一個遭受痛苦的人就站在你面前，你們會怎麼處理？我的反應竟然是……沉默、事不關己，甚至是無動於衷。

為什麼我們總是不夠良善呢？

我在國中時期，班上有一位同學被一群人捉弄得很慘，我天天看著他被大家嘲笑羞辱，相較於其他同學，我對他是友善的，但也沒有勇氣站出來為他辯護，我只能在廁所，偷偷告訴他書本被藏在哪個桌子抽屜裡；或者告訴他，不要再找了，他的作業或考卷早就已經被同學撕毀了之類的。他的母親每天都會在校門口接他，有一次我聽到了他們母子的對話。

媽媽輕問：「中午便當有吃完嗎？好吃嗎？」

兒子回答：「媽媽親手做的便當我最喜歡了，我每天都吃光光。」

他為什麼要說謊，他的便當一早進教室就被同學倒在垃圾桶裡了，他根本沒有吃午餐。每天我都看著他無助、獨自面對所有人的神情，至今依然讓我耿耿於懷，當時的他只有十四歲啊！

絕大多數的人，內心都是單純的，可惜隨著進入社會一段時間後，心智頭腦及外在的環境，磨損掉我們內在的善良，為了好好生存，於是我們被環境逼迫變得愈來愈自私。直到逐漸年長、在社會打滾經歷多年之後，發現一心追尋的東西，並沒有讓我們生活得比較開心快樂，才體悟到自私自利是多麼的徒勞無功，同時才開始感覺到，這種自以為的行為，完全不合人性邏輯。可怕的是，縱使意識到了，並不意味著就會帶來改變，反而讓我們更為偏激，走向極端。

一旦生存受阻，心智頭腦就會變本加厲，最後我們困在焦慮、恐懼、不安和野心當中。曾經，我也這麼想了好多年，只要我做得更好、更有錢、更有名、更有權勢，我心中那分徬徨不安自然就會消失，那些潛藏心中困擾我的情緒會存在，是因為我還不夠成功，瞧瞧那些成功人士，笑得多麼開心。

我們怎麼會有這種這麼可怕的信念呢？就是從這一刻，即將要步入社會的你們開始循環的。功名當然重要，我何嘗不跟大家一樣迫切渴望擁有，但功名不是一切。尤其現在整個大環境都在談成功煉金術的時候，真正危險的是，當我們的生活完全被追求成功的語言占據，我們才會驚覺自始至終都沒有人去解釋生命的意義。

誰不是對自己的未來充滿無限希望與想像？我明白很多人更想花時間了解怎麼賺錢，與財富相關的議題特別吸引大家關注，只要上網或手機滑一滑，就會看到有人在昭告天下、招兵買馬，到處充斥著「他們如何在多快的時間內就賺了多少錢」，這些語言確實讓人相當心動著迷。

人生是一個不斷變良善的過程，我何其有幸，在這個年紀就慢慢看懂自己在追逐些什麼。我開始運用自身的影響力，讓更多人知道，當我們開始對人良善、付出真心，你眼前的一切就會自然的轉變與發生。在每個人追逐夢想的同時，不要忘記一定要同步將心中最能善待他人、最無私慷慨的那部分展現出來，那會幫我們避掉很多的災難。

及時表達對他人的善意不應該被埋沒在內心最深處，我期許你們縱使到了我這個年紀，依然莫忘初衷，不受誘惑。

我會一直這麼做下去，希望這個社會一年一年會有愈來愈多人加入，直到及時表達對他人的善意，成為我們每個人的反射行為。

Chapter 6 只有你能阻礙自己前進

前兩天遇到十多年前認識的小朋友，我對他印象太深刻了，當年他才是個高中生，瘋狂迷戀周杰倫，可以追著偶像跑遍全國各個地方，書都不念了，為了出國追星，和母親冷戰好一陣子。

我問他：「還喜歡周杰倫嗎？我記得上一次碰面，你因為周杰倫沒事跑去拍什麼電影而感到不解，難看的要命，讓你氣得不想再聽他的新歌了不是？」

「我直到最近這兩年，好像慢慢能夠理解為什麼他要去拍電影了。人本來就應該要懂得如何把握自己的人生方向，關於夢想，這需要多麼大的勇氣才能走向不熟悉。

「在實踐夢想的道路上，那種想要不斷嘗試和渴望突破的心情，多麼令人興奮，在你一心朝著完全陌生領域不斷前進的同時，不會有任何歡呼聲，這又是多麼孤獨寂寞，還有，不被外人理解和有心無力的糾結，那就更不用說了。

「現在，不管周杰倫是否朝其他領域發展，有沒有像音樂那樣的地位，我都會在內心裡暗暗為他加油，真希望我有他萬分之一的勇敢。」

是的，當年的高中生現在已經是一個三十出頭的輕熟男子，這個社會讓他更加成熟懂事，很多道理他身在其中也冷暖自知了。

我有一個學生在政府機關上班，她的夢想是當導遊，每次她總是相當熱情的講啊講著，她說她要去學英文，因為她要去報考導遊，她逢人就說，就這樣一直講，講了好多年。後來她談戀愛去了，也結婚嫁人，生了小孩，她不再提她想當導遊這件事情了，她現在還是在政府機關上班。

最後一次關於導遊的對話，她是這麼回應我的：「我不是不想當導遊，而是根本沒有人相信我是認真的，每個人都覺得我是說說而已，老公也不是多支持，他根本是在等著看我笑話吧，現在又有了小孩，怎麼可能走得開，或許等小孩大一點再看看吧！」接著她話題一轉，「我現在對房地產也很有興趣耶，我想花一些時間來準備考不動產的一些證照，到時候還可以兼顧家庭跟事業，是不是不錯？……」

當一個人十分篤定朝著自己的目標前進時，內心會不會很孤單、寂寞呢？周圍的人能不能理解自己的做法？關於家人的不信任，到底該怎麼說，才能讓他們放心呢？如何才能做到心性篤定踏實往前走呢？

人都有夢想，要所有人都支持你和理解你，確實有程度上的困難，很多人會打擊你，因為他們用自己的狀況來評估這件事情。這些人不相信自己可以做得到，所以也不相信你會做到，他們總是用懷疑的眼神，觀望著你做的每一件事，不聞不問，也開始與你保持距離。

最讓人受傷的是，有一些人加油添醋的排擠你、阻礙你，這種心態就是希望你永遠和他們同一國，留下來作伴，再一起抱怨老天爺與這個社會多麼的不公平。

人哪，就是這樣子，當你目標確定的同時，負面嘲笑的聲音好像就如影隨形了，很多人一遇到負面打擊，就裹足不前打退堂鼓了。我已經聽過數萬人的故事了，你是打道回府、見風轉舵、直接放棄？還是心無旁鶩、勇往直前、永不妥協呢？

談夢想是一件熱血的事情，如果你的夢想至今還不被人理解，也許是因為過去曾誇下了海口，又很多次沒有做到，在別人眼中早已是放羊的孩子，教人如何期待。

在這個世界上，沒有一個人有超能力，擁有的時間也相同，我們必須清楚自己能做什麼，然後為自己選擇的決定負起責任。「讓每個人看懂自己，生活不再困惑。」這就是我的夢想，我為此廢寢忘食，興奮不已，將夢想放在心底，全力衝刺就已足夠，何必多說。只要你還在，有一天大家總會看懂。

過去，大家只覺得我在那邊自己喊喊而已，現在我把大家認為是嘴巴喊喊的東西，變成了演講，也有了一套課程，甚至在世界各地有這麼多的國家城市邀請我，希望我能安排出時間過去授課或演講，所以別再說不可能。

夢想很好，有時候它會成為我們的生活信仰，但請去執行、實踐它，只有你能阻礙自己前進。

Chapter 7

為何要在意他人目光

「怎麼樣才能夠不在意別人的目光，快樂優閒的過自己想過的生活？」

有位學生拿到了麥克風，問了我這個問題。我站在舞台上和她有一小段距離，但這樣的距離我依然感受到她的痛苦。

我當下聽到她的提問時，內心的反射是：「那就不要在意啊，為什麼要這麼在意？這樣的心理狀態肯定不會開心的啊！」她的問題一定也是很多人的問題！在我過去許多諮詢的經驗裡得到一個結論，當一個人對事件產生困惑的時候，往往是當事人看待這個事件的高度不夠、認知有限、不夠全面，最後演變成自我折磨。

以我自己來說，我也在某一段時期，過度重視他人的目光，對自己一點信心也沒有，怎麼做都不對。我相信很多人都跟我一樣，因為一個錯誤或他人的一句蠢話而憂慮良久，不惜為此赴湯蹈火，以求得一個認同。但最終發現，對我如此重要的，在他人眼中卻只是過眼雲煙、不當一回事。

那些壓得心累心疼心煩的擔子，大多都是自己心智頭腦強加追求的。

只有等到一個人頭腦清楚了，才有辦法意識到這個問題根本沒有想像中嚴重，思緒邏輯順暢了，問題就不再這麼糾結痛苦了。

有人罵你是一隻狗，難不成你要變成一隻狗嗎？最後和對方罵來罵去，狗咬狗一嘴毛，我怎麼看都覺得變成兩隻狗在亂吠、相呼應了。

別人的話改變不了你什麼，你還是你啊！你就這麼當真，聽了，信了、吵了、鬧了，不開心了、消極了、委屈了、最後還打架了，你得到什麼，什麼都沒有，反正當下能夠有所反擊就是爽啊！就這樣？還有嗎？

你唯一要做的就是光明正大的往前，無須理會，讓他們繼續說去，他們肯定整天花心思在你身上，不停的觀察你，你只要偶爾抬頭看看他們在耍猴戲就好了，根本無須做什麼，就可以把他們給氣死、給逼瘋了。一段時間過去，仔細看看這些一天到晚在別人身後忙著中傷他人的人，一點作為也沒有，交不出什麼代表作來，久而久之，你們之間的差距就會大到看不見彼此了。

有些人會在意，是因為他們生活周遭實在太多人在散布謠言、搬弄是非、無中生有，唯恐天下不亂，其實這些人是令人同情憐憫的，因為他們根本不知道自己在幹什麼，他們內心是脆弱無助的。

這些吃飽撐著沒事幹的人都有一些相同的特性：

1、強烈的自卑感；
2、生存受到威脅；
3、見不得別人好；
4、強勢掌控他人；
5、言行表裡不一；
6、驕傲不願傾聽；
7、無法控制自我；
8、根本心理變態。

人言可畏，永遠有人生活得太乏味，他們老喜歡在背後看著你、談論你，所以我們活在別人眼裡，死在別人嘴裡。不管你在什麼地方，同樣的你，有人將你抬高，有人把你貶低。不要管別人怎麼看，關鍵是自己怎麼看自己。

別人的嘴，堵他沒意思，把自己整理到更好的狀態，透過自己的一言一行，讓別人看到自身的轉變，讓其他人對你發自肺腑的讚美與驚呼吧。不要讓自己的心智頭腦想著如何改變別人的目光，我們必須將命運握在自己的手裡！

生活何須這麼緊繃，內心不夠強大，於是疑神疑鬼，作繭自縛。既然改變不了別人的目光，就改變自己的言行；隨之起舞的回應，急著想要證明些什麼，才是最幼稚的作為。別人如何衡量你，其實全在於你如何衡量自己。

而且，在背後說人閒話並沒有特別了不起，我們也不要在意被他人說。有時想想，一無是處的人才會沒得讓人可說，愈是出色的人愈會被人說啊。有心人用一句話來攻擊你，你卻花上百分百的力氣去滅火，最後能量全沒了，是你自己把自己給滅了。

光明磊落，心中坦蕩，有什麼好怕的，只要行得正、坐得直，對得起良心，誠實正直，不偷拐搶騙，一正剋百邪。心中無愧，自然無懼，你的眼神都會是力量，有心人連你無私的微笑都害怕！

如果你的時間總是與這些閒雜人等過招，實在是太浪費寶貴的生命了。你傻了啊！

Chapter 8

實踐才會真正帶來力量

有一位自行車教練來公司找我閒聊，順道帶了他的學生一起過來。我認識這位教練多年，知道他對於學生的嚴格與呵護，轉頭開玩笑的問了學生：「跟這老師多久了？這老師很討厭喔，是不是很辛苦？受很多委屈喔！」

已經連續三年自行車冠軍的學生回答：「沒有，我很感謝老師。老師不喜歡多說，會要求學生離開體育館，因為模擬的環境永遠看不見問題，只有親自上路才知道真正的問題在哪裡……。」

教練說：「在一條長約二十公里的斜坡路段，其中數十個困難的爬坡該怎麼騎，要注意什麼事情，絕對不是有空再去騎一下，而是不斷的重複騎完它，學生才會真正知道我在說什麼。」

有一年身邊好友成群結黨要去一〇一開心倒數跨年，這位學生選擇了繼續在一條偏僻荒涼的道路上，拚命踩著他的自行車練習。想要進步、變得更好的關鍵，就是要抗拒誘惑，戰勝寂寞，然後實踐、實踐、再實踐。

要專精於某項能力，大約需要付出一萬個小時的努力；也就是說你每天三小時持續練習，連續十年就可以累積出一萬個小時。世界等級的專家都是花了一萬個小時以上來鍛鍊自己的技能，才能爐火純青，這也是成功人士公認邁向成功最快的捷徑。你如果覺得十年太久了，給你一個建議，一天三小時改為六小時，完全不間斷，不能錯過任何一天，你五年後就可以站在高處了。

我因為四處演講的關係，認識了幾位奧運跳水冠軍，我請教他們如何登上巔峰。其中一位選手告訴我，她不是天生這麼優秀，只是教練教完，她一定馬上爬上跳水彈板一蹤而下，直接練習，一天爬上爬下跳個上百回是很正常的。

她看過太多選手聽完教練的說明之後，也沒走向彈板練習，就在泳池旁想像自己在跳水。有個前輩是屬於天才型的選手，曾經對著她說：「妳這樣子跳是不對的，我看你這幾天來來回回跳了數百回合了，不如我在腦海裡想了數千回。」

這位前輩始終沒能代表國家參賽，隨著年齡的限制，早已離開體壇，真的好可惜。培訓當然重要，自己有沒有身體力行實踐，才是真正的關鍵，想了數萬回也沒用。

我一個朋友買了一整套高爾夫球教學錄影帶，不知道看了幾遍了，把所有該注意的祕訣及姿勢全記熟了。到了練習場，不論他怎麼揮桿，那一顆可愛的小白球，永遠乖乖的躺在他的腳尖前，動也不動。我坐在椅子上目睹他的球桿順勢飛了出去，當場傻眼，哪招啊？難不成也是教學錄影帶說的？

想進步就得練習，而練習就是不斷的實踐，才會發現箇中滋味。麥可・喬丹回憶他的籃球教練是如何要求大家的：「他制定了八條學習規則：解釋、示範、下場、練習、練習、練習、練習、練習。」

沒有任何人在看完一千場球賽之後就可以成為優秀球員，每天的汗水和訓練才能成就一名優秀的球星。學習不能只靠想像，學而不用，根本就是浪費，更讓你養成悖離初衷的壞習慣。實踐的過程，沒有人是一開始就順利上手的。所以，不要害怕跨出實踐的那一步！

「實踐」是我們人生中很重要的元素，它會將我們內在「價值」與「態度」賦與實質和意義。想要有強大的內功，不能只是坐在教室裡學習，更必須有實踐的過程，這些過程就是你的成功軌跡，你將令人由衷的欽佩折服，渾厚紮實，完全不擔心被人考倒，穩定放心又舒服，全身散發能量。

成功之道無他，實踐與加工。不然你就是金庸筆下精通各大門派武功的王語嫣，既然沒有內功，自然無法招架，還不是要表哥來救你！最怕的是你表哥也沒實踐到哪裡去，只會在屋子裡比畫，還覺得自己天下無敵。

成功，最初看來總是遙不可及。只要你持續成長、不停實踐，總有一天，會從量變到質變。在你決定實踐的那一刻，你過去花的時間與金錢所學習得來的隱性知識，才會真正轉化為顯性力量，命運才得以啟動轉變。

動起來！真的想要讓自己更好，實踐真的會為你帶來前所未有的改變力量。

Chapter 9

與其嫉妒，不如讓自己邁向驕傲

多年前一位學生突然跑來找我，說他人際關係出了點問題，這一陣子都焦慮得睡不好覺。他有一位國中死黨張三，我也認得，當初他們倆是一起來我這上課的。如今張三事業上有了一些成績，受到許多關注，我這學生是既開心又痛苦。他說他一直都不喜歡輸的感覺，可如今超越他的卻是張三，他從來沒有料想會有這麼一天。他當然開口祝福張三，兄弟，你真棒！可心裡清楚那不是真心的。他珍惜這段友誼，心裡卻想遠離張三，他發現和張三的距離愈來愈遙遠了。

嫉妒讓一個人知道內心缺少了什麼，其實這是好事，它讓你看到了你的匱乏與不足。當嫉妒出現時，釐清當下讓你難受的原因，看懂你的渴望，你才會知道是什麼在吸引你、你在意的是什麼。可惜我們心胸狹隘，老是啟動心智頭腦在思考，覺得老天爺太不公平了，超級偏心，我們沒能發覺自己不見得比對方差，只因為自私，自己要樣樣好，但卻見不得別人好。

嫉妒讓人活在無數個比較裡，當自己比人強時，心裡就會得意，覺得真是了不起；當自己比人差時，就會覺得落寞，為什麼這麼笨手笨腳，什麼都做不好。

一個人的內心世界會因為嫉妒而創造出許多複雜又對立的元素，羨慕與失落、滿足與猜忌、虛榮與羞愧、切割與難受、檢視與逃避等。人就是這麼奇怪，自己辦不到的事情，也詛咒別人完成不了；自己得不到的東西，別人最好也不要得到。不會控制嫉妒的人，開始變得暴躁、煩惱、偏激，讓人無法容忍。

忌妒，在貶低或刁難他人時的確會發揮作用，不過這一切，也只是一種想要剝奪他人的自由和約束、限制對方發展的一種手段罷了。終其一生充滿忌妒心的人，在與他人共生的環境中是毫無用處的。這樣子的人，勢必表現出想從他人身上剝奪一些任何對自己有利的惡習，並用某種方式來輕蔑、嫌棄對方，好讓自己能夠繼續生存下去。

心胸不夠寬大的人，自然被嫉妒控制言行，很多人不自覺的有了報復行為，開始攻擊對方，昧著良心說了不該說的話，甚至做了終生遺憾後悔的事情，人就這麼一點點小小的本事，但這對我們一點幫助也沒有。嫉妒既不能增加自己的利益，也不能減少他人的成就，你當下以為心裡舒坦平衡多了，可是夜深人靜的時候，如何面對自己？這全都會成為你的潛意識，不要以為事過境遷就沒事了，影響可大了。

我在小學一年級的時候，模範生幾乎非我莫屬了，但最後卻是另外一位同學獲得，老師告訴我要再接再厲，期待明年；終於可以為公司盡一己之力，我等著這寶貴的機會好久了，我一定會好好表現，結果老闆將這任務指派給了其他同事；不管到哪裡，每一次我只能看著別人總是閃亮璀璨，眾人簇擁，我最後都是暗淡無光的默默離去。

嫉妒之心造成我內心極度的不平靜，什麼都要拿來跟對方做比較，我花很多時間觀察對方在幹嘛，向外看的舉動讓我的人生原地踏步了好多年。我早已忘了所有會讓自己更好的可能性，卻心甘情願被嫉妒綁架，我的心智頭腦永遠都在思考這些，真是太痛苦了。

不知道從何時開始，或許是開始了自我探索之後吧，在與人對話的過程中，我看到了他們的苦不就是我的苦嗎？我的心境慢慢的、潛移默化的傾向安靜、低調，我開始懂得自我覺察，學會接受、試著放下，將這些雜質俗念沉澱轉化，之後，很多的好事就這樣子自然發生了。

原來我們身上就有屬於自己的正面評價，何須外求和人處處比較呢？再一次重新看待每一個人，他們竟是如此熠熠生輝，才驚覺自己哪有什麼驕傲的本錢，膚淺得自己什麼都不是，與其忌妒，不如向他人學習。

沒有人會喜歡一直停留在生氣或滿腦子思想邪惡，每天，我都以各種方式在進步，任何形式都可以，我真的為此感到雀躍。試著接納與包容，讓嫉妒成為我們的幫助，為我們帶來生命的動能，而不是白白的受苦。

曾經，嫉妒讓我全盤否定他人，覺得對方就是一個大爛人、偽君子，結果演變成我在否定自己，還將自己設定為一無是處的人。現在，我很喜歡我身上的某些特質，還有愈來愈多人跟著我在學習，我的人生開始有了色彩，這樣的結果不是很棒嗎？

與其嫉妒，不如讓自己邁向驕傲吧！

Chapter 10

解決問題你才不會成為問題

有個臉友寫了訊息給我，說在雜誌及電視上看到我的專訪，他已經追蹤我大半年，看到我可以在世界各地四處授課演講，很羨慕我的生活。

我在實現夢想的過程，跟多數人一樣，遭遇了很多的困難，沒有人是特別幸運的，我何嘗不是走了好久好久才到這裡。在追逐夢想的過程中，多麼沒有安全感，我特別能夠體悟人生還真是苦難重重啊。

我聽過不下百人指著我的鼻子，親口對我說要成為我，還要超越我、要幹掉我，哈哈，我是真的笑了。我心裡明白，這些想成為我的人是想成為現在的我，卻不想經歷我所經歷的，這就是人性啊！這些說想成為我的人快則數星期，慢則一兩年，多數都人間蒸發了。他們對我說的承諾我都還記得，我還在等著他們，可惜當事人全都忘了。

想不想成為誰，不是你現在說了算，你應該要做的是一直往前進，遇到問題就解決。或許經過幾年的摸索之後，你不自覺的就通過了考驗，到了那個時刻，你會有你的模樣，也已經成為很多人想要成為的對象了。

外在的世界變化太快，快到我們忘了自己許下的承諾，我們都必須重新認識自己與這個世界，才有辦法在兩者之間找到平衡與關聯性。面對問題與解決問題可以開啟我們的智慧，激發我們的勇氣，我們不應該害怕問題。人生中遇到的每個問題都是全新的，你是如何發現問題、定義問題、分析問題，到最後解決問題？這一切都不能只是憑空想像，完全依賴你過去的經驗。

解決問題最困難的地方在於它會帶來痛苦，但是多數人只想要躲開痛苦。仔細觀察你就會明白，就是這種逃避心理，帶領我們發展到令人可笑的程度。如果你不想解決問題，有一天你會成為問題，在團隊當中更是如此。只有透過解決問題，才能讓自己得以成長，不再是一個問題。

一廂情願等待問題自行消失，是很可怕的無作為，逃避不會為你帶來任何好的結果，因為問題仍然存在著。我們都要試著將快樂往後延遲，放棄眼前暫時的安逸，或是程度上較輕的痛苦，選擇去體驗面對程度較大的痛苦，這才是面對問題最明智的辦法。你現在承受讓你痛苦的問題，將來才有可能獲得更大的滿足感。

我們人的心智頭腦很奇怪，老喜歡根據過去一些不好的經驗，去推敲未來可能發生在我們身上的事情會是什麼，但是這只會讓我們根深柢固的相信事情就是這樣，我們不會費力去掙脫。我從來不會被發生在自己身上的事情所定義，我還會重新定義它並教人認知它。

朋友們，不管你現在遇到的問題有多困難艱鉅，如果你和我一樣絲毫沒有想要放棄，那就好好正視問題，調適好自己的內心狀態，面對問題，進入事件本身，不要逃避，你才會知道你有多強大。「困難」特別吸引堅強的人，我們只有在擁抱困難的時候，才會真正認識自己，發掘自己更多的潛能，替自己的未來多加工吧。

為什麼這個問題會發生在我身上？你很委屈嗎？總是遭逢逆境嗎？這意味著你與人的相處出現了問題。三流的人大概就這麼點能耐——扮演起受害者，到處抱怨，逢人就說；嘴裡喊著正義，行為卻是仇視與敵對；從不檢討自己的死人個性，以為只要換個環境、換過一批人，就能夠在另一個地方等待成功。永不厭倦這反覆，這種輪迴我看了都累。

改變，談何容易！「自己不動，眼前的景色也不會動的！」生活的不改變，只會讓自己一成不變，求神問佛都一樣！所有的問題，全是從人與人不恰當的關係中生成的，它會為我們帶來任何形式的悲慘或不快樂。

從自我接納開始，承認自己意念中的智慧是不足、是邪惡的，直到完全臣服，我們才可以開始擁抱祝福，不然你只能繼續沉浮、繼續抱怨，成為最大的問題。

我在進行企業培訓課程的時候，尤其是針對業務單位的學員，每次我只要問有沒有什麼問題？通常大家都會說沒問題，不然就是鴉雀無聲。哈，那沒問題我是來幹嘛的啊？交朋友的嗎？

沒問題?! 那就報好消息！

Chapter 11

轉化讓我們成為更好的模樣

毛毛蟲忙著蠕動並靠著路邊持續行走，牠應該是在尋找可以遮蔽的場所，然後作繭、化蛹。那一個地方必須安全、不受天敵威脅，還要能夠擋風避雨。在我看來，牠就這麼一心一意的往某個地方前進，專注地做某件事情，只想完成它。不知道牠是不是本來就知道即將發生的一切呢？

為了因應外在的環境，停停走走、跌跌撞撞、險象環生，遇到狀況絕不逃避，立即處理，以行動來克服恐懼，每一個環節對牠來說都是一連串的驚險與挑戰。牠到底知不知道是為了什麼而做？牠大可不必如此，改變太痛苦了，或者展翅飛行是牠的本能，牠只是在順應本能？

如果牠夠幸運，經過嚴酷的考驗，牠會成為具有翅膀的神奇生物，以完全不同的類型，顯現於這個世界。牠再也不用在地表上爬行，而是開始在群花間飛行，輕盈追隨著自己的直覺與空氣間的流動。直到某一天，牠將破繭而出，展現飛舞的天賦。這的確是大事情。誰會想到一隻看起來敏捷曼妙、翩翩起舞的蝴蝶，曾經是一隻臃腫不堪，在地上艱苦蠕動的毛毛蟲？這到底是怎麼發生的？

毛毛蟲感應到了本能的召喚，開始作繭，牠知道要做出所有可能的改變，而這個改變是如此自然，從一個形式改變成另外一個形式，當一切正在發生時，是很微妙而難以捉模的。毛毛蟲怎麼看待作繭、化蛹呢？牠會恐懼害怕嗎？因為沒有經歷這個過程，就不會有蛻變的發生。

蝴蝶和毛毛蟲本來就是同一個生物，牠們有著共同的靈魂，但外觀變得完全不同。就更深層的意義來說，蝴蝶帶著完全進化、升級、全新的身體構造，進入了生命的下一個階段，變得更加活躍明顯。

一個人從A變成A^+，你好像有哪裡不一樣，但你還是A，這個過程是改變；從A變成B，原本的樣子變成另外一個樣子，你確實不一樣了，不僅外貌變了，給人感受也都不同，你是一個完全不同於之前的A，你是一個全新的B，這個過程是轉化。

人的本能都會希望自己成為愈來愈好的未來，你是否期待另一幅生命圖象的誕生呢？當時間到了，你會感受到體內產生的化學變化，這對於我們邁向下一階段的開始絕對是必要的。

轉化意味著心靈深處徹底的改變，這種改變才是真改變，持久而深邃。當一個人對自我概念的意象愈深，信念便愈強。信念對心靈發揮莫大的作用，帶領我們穿越改變，直到內心達到某種狀態，觸動轉化的發生。因為你百分之百相信會變成B，所以你連想都不會去想，你根本無須刻意去追求改變，此時A在不自覺的情況下，就已經變成B了。

我看著每一雙迫切渴望改變的眼神，人們真的太希望自己能夠變得不一樣了。但多數人說著想要改變，心靈深處卻沒任何動靜，達不到轉化的程度，A永遠是A，有變等於沒變，於是我們半途而廢，所作所為與本能對立拉扯，時間久了，人就生病了。

一個時刻覺察、感受內心狀態的人，與一個鮮少觀照自己，卻說很了解自己的人，在相信、同理與給予愛這些事情上，就有明顯的對比與落差。

轉化不是讓他人認不出你，而是將我們內心隱性的本質轉成顯性的本質，才會發覺原來有這麼多自己都不知道的潛能與特質，彷彿換了一個人似的，可那明明是我們本來就擁有的東西。大家會開始驚訝你怎麼做了這麼大的轉變，跟之前認識的樣子完全不一樣，從此思維蘊含了新的價值觀與方向。恭喜你終於可以讓內在的你當家作主，不再受心智頭腦掌控了。

轉化的過程，讓我們在下墜中長出翅膀獲得重生。如果你的生活遇到了瓶頸，告訴自己要相信必有土地在你腳下，要相信必得到一雙翅膀，帶你從谷底盤旋飛翔升起，轉化會為你帶來力量。一個人之所以成功，是因為他志在成功，未嘗躊躇。他很清楚眼前四面楚歌絕非困境，而是勝利之前的低谷，聲如雷陣，全面轉化。

生命轉化讓我們從這個人變成另外一個人，但其實還是同一個人，只是內在多了安定的力量，從此能夠對自己的生命忠實以對、自在踏實。轉化讓我們得以成為更深刻、更完整的自己。在一連串的苦盡甘來之後，蝴蝶誕生，展翅高飛，與世界交會，本能將我們與生俱來的本質，實現至最大可能，你已經是更好的模樣了。

Part 3

活著就要為自己帶來意義

Chapter 1

最近好嗎？

生活的目的是成長。

大家都想成長，卻沒人要為了成長做出改變，為什麼改變會這麼困難？是因為你把它定義得很困難。

我總認為自己可以在很多事情上都做得很好，既可以做這件事情，又可以在另外一件事情上遊刃有餘，我覺得自己是一個能力很好的人，什麼事情都難不倒我。

我們最容易犯的錯誤就是太有自信、自負、眼高於頂，可笑的是我們又輕易選擇與放棄一份工作、一種興趣、一段關係。直到到了某一個年紀之後，才明白，原來，有些事情是得全心全意去做的。

即便你現在已經可以在很多事情上表現得很好了，在你的工作領域裡也做到無可替代的程度了，但到頭來，不知怎地，你依然還只是在一般水準的層次裡上下徘徊，怎麼也沒能達到你想要的層次。我們武裝起自己，在自己的舒適圈裡不知道踐給誰看，彷彿有一股氣勢似的，那種自以為是、不可一世的態度，俗不可耐，井底之蛙。

生命的意義是什麼？

只要專心觀察當事人的行為本身，可以發現，每個人早已架構出他個人的「生命意義」，他所有的思想、語言、行為、關係上的處理，甚至人生的目標，全都依據這個意義做出反應。

我們對於事物的經驗都不夠全面完整，只能從自己的立場去經驗它們，只要沒有太大的問題，不影響我們的生活，我們就會用那樣的認知當作標準，繼續用那樣的標準去感受外在世界的一切。然而，那些都已經不是事物本身，全都是經過他人、社會及自己衡量出來的標準下所詮釋的主觀東西了。每個人都活在自己「定義」的領域裡，因為不同的定義，於是我們每個人對於生命的意義的認知便有所不同。

人生在世，永遠不缺難題。想要知道一個人的未來發展，必須從他遵循信奉的價值觀來探討。過去所遭遇的事件經歷，塑造了每個人特有的信仰價值，而我們終其一生遵循的目標，就是依循這些定義而來的，最後成為我們生命的意義。

我以為只要成功，我的生命就會意義非凡，所以我要考第一名、我要當班長、我要念名校、我要升經理、我要賺很多錢、我要買名車、我要讓別人羨慕我、我要成為世界第一……；我開始追逐每一個傳奇的成功人物，他們獲得了那麼多喝采與掌聲，那就是我所嚮往的生活，我想要跟他們一樣，唯有如此，我的生命才會不一樣。

於是，我和大多數人一樣，把一生當中大部分的寶貴時光，用來追求、搜集我認為的美麗終極目標——完美的事業、完美的感情、完美的家庭、完美的人生。可惜的是，我沒有得到我想要的，我失敗了，我的生命變得一點意義都沒有。

現在再回頭看自己，很顯然的，我當時對成功的定義出了很大的問題，我總是試圖想成為什麼，我竟然把這樣的成功定義奉為真理在追尋，我用盡了全身的力量及所有的時間，去實現我要的成功。

一直以來，從沒聽人說這樣有什麼不對，周圍還有社會上的多數人不也都是在追求這些嗎？原來那是心智頭腦要的，不是我想要的，因此我們會痛苦，我們會憤怒，我們並沒有過得很好，我們都不開心。

有多少人就有多少生命意義，你的生命意義是什麼，意味著你的經歷是什麼，這些經歷讓你這麼想、才會這麼說、於是這麼做。

突然間，你的生命簾幕拉開了，你會驚覺：「哇，我以前竟是如此忙忙碌碌，從來沒有看出這些！」

或許是一個人，這個人啟發了你，鼓勵你重新評估自己，給你力量；也許是一段迫使你改變的經驗；或是一本書，恰恰講出了你需要聽到的道理。這些令人難以置信的時刻，好像有人替你安排好了，彷彿有一種偉大的力量，就這樣把某件事物放在你的道路上，而它正是你踏上下一步所需要的東西。

為自己的生命，再一次重新定義吧！

若問你：「最近好嗎？」

不知道你頭腦閃過的是什麼畫面？也許你沒有得到一心想要的物質回報，但你得到了更深刻、更持久的東西——成長，你讓自己比「過去的我」更好，比上星期更好、比上個月更好、比去年更好。

用成長的角度來評估自己的生活，看看自己學到了多少，這就是最神奇的處方。你只需要重新定義生活，生活就會為你帶來同等或遠大於的益處，連走路都會輕舞飛揚！你有在對的狀態嗎？是什麼讓你開心不起來？一切都是自己想來的……。

現在，我是如此地幸運而喜悅，我告訴你我的體悟是什麼！

你想為你的生命帶來什麼樣的意義？停止抱怨，讓自己完完全全相信老天爺，面對與接受，一切都從這樣的定義開始。

Chapter 2

你有夢想嗎？

你有夢想嗎？真的嗎？你是認真的嗎？

夢想是個好東西，尤其是對年輕人來說，他們總是比其他人更加朝氣蓬勃。遺憾的是，周圍人的想法不斷對我們夢想進行強烈質疑，甚至帶來毀滅。

夢想怎麼就這麼不堪一擊呢？

因為生存。

看著滿街行走的成年人，他們當年不也懷抱著夢想？後來他們痛定思痛，以一種過來人的身分，回過頭來否定夢想對人生具有特殊意義，他們甚至操著一副見多識廣的口吻，教訓身後這一群「不知天高地厚」的年輕人。

夢想為何最終被現實踐踏得體無完膚，跌得粉身碎骨呢？想要實現夢想，古今中外沒有例外，全都經歷了一個漫長且無人鼓掌的孤寂旅程，並心甘情願為它受苦。你有嗎？

生活周遭有太多人嘴上談著夢想，對未來充滿了期待，但最後卻羅列出現實條件下的種種不足。這個時候你必須要看懂這類人的存在與說詞，其實只是為了讓大家知道，並證明「無法實現夢想，真的不是我的問題」！

還有一種人，他們也說著夢想，可是卻拒絕承擔現實生活中應該負擔的責任，永遠把過錯推向身旁的人。全都怪身旁這些人沒有提供足夠的資源，他們冷漠無情的摧毀了你的夢想與前程，你就是最可憐最無辜的受害者，所有人在你眼中都是加害者，你還會要求身邊這些加害者必須給你一個合理的解釋——為何讓你遭受這麼大的委屈與不公平，導致你的人生至今依然原地踏步，徒增歲月。

我們熱愛製造夢想，老把夢想想得太完美。隨時都可以聽到自我激勵卻又毫無作為的對天發誓——到處對人說現在要開始認真工作、要開始揮別過去，但從頭到尾都是自顧自的編故事，欺騙自己的同時也糊弄了別人，沒有清醒的一天。

我必須說，他們還是不敢面對自己心中那些極度幼稚不成熟的地方，老是一堆藉口、懶惰，只想坐享其成，不願意吃苦。其實他們真正的夢想，是希望運氣好到可以一蹴即成，最好一覺醒來就名利雙收；不然就是膽怯、勇氣不足，想要人前顯貴，又不想人後受罪；害怕努力之後依然會失敗，就是不敢賭上一把。不想面對原來自己就這麼點本事的事實，於是開始逃避，譴責他人，好像從來就不是自己的問題。

真正在夢想道路上的人，就算環境再險惡，他們也不會花時間抱怨，會想辦法解決、克服眼前的困難，應該說，在他們的頭腦裡，根本就不覺得這些是問題，就算有些問題確實存在，也不會讓這些問題持續困擾他們。

夢想是證明題，不是選擇題。我不知道你有什麼逐夢計畫，若是有人陪著你顛沛流離一起打拚，好棒；如果沒有，那就自己精神抖擻起來，大步向前邁進，沒人吵鬧，速度更快。

為了夢想，有人加入各種組織或團體，或許因為新鮮、還是因為一股熱情，你在這裡發現到處都有可以讓你學習的人，這裡有、那裡也有，你擁有了一群志同道合的人，人生好像也變得不一樣了，你覺得你離夢想更靠近了。

隨著時光流逝，其實也不用太久，我們終究在自己引以為傲的圈子裡迷失方向，還反問自己，這真的是我想來的地方嗎？

我在最迷茫的時候，找到了支撐自己前進的東西，那就是我內在的信念，那才是我最強大的力量，就算外在的環境或人都已經變得亂七八糟了，也無法影響我持續掛在嘴上說著要去做的事情。夢想，跟周圍的人事物有什麼關係？是自己的心不一樣了，一本初衷，談何容易。

一直大談夢想是一件很矯情的事情，如果是夢想，自己就會去進行了不是嗎？老要被人喚醒，等人激勵，那是什麼夢想？

我們在追逐夢想的時候，不是一直拿著夢想的口號到處去招惹別人，而是在築夢的過程，看到了更好的自己，一個沉默認真、充實內斂的自己。你看到自己正在成長，也因為自己所做的事情而覺得滿足。

你要的夢想沒有捷徑，愈是漫長，愈要淡然。還記得你在與人分享夢想的時候，都說了些什麼？此刻依然熱血嗎？我在看著，也笑著呢！

Chapter 3

每一個人都是我們的生命導師

如果你想擺脫大部分人認為適當、正確的生活方式，過著截然不同的生活，你必須能三不五時的面對孤獨。你或許還會遭到批評。

請把這些批評視為正面的訊號，如果有人對你有意見，那都是因為要讓你看懂自己。我們來到這個世界上就是一個學習的過程，透過學習讓我們得以成長。

不要對學習有著太過狹隘的刻板印象，想想看在你的生活周遭，一定有人陪伴在你的身邊，你可能只是與他簡短的對話；或者你們根本不認識，他只是一個路人，正在講著電話、買個東西。不管是你認識或不認識的人，所有人與所有事情，都是為了你而存在著，想讓你看懂、教會你某些事情。

他們正在教會我們某些事情，只是我們在當下沒能領悟到，對方想要送給我們關於什麼樣的聯想，自然沒辦法覺察到：「眼前的這個人、這件事到底教會了我什麼。」

我們可能要經過了一些時間，或許是一個晚上、明天、一個月後，甚至一年、五年，當我們再度碰上某個人或某件事情，我們才會想到原來當時那個人或那件事，是要教我們明白、看懂這個道理，見賢思齊，見不賢而內自省。

內自省是向內看而不是向外看，很多人透過自省後，反而更加理直氣壯的去指責他人、抱怨他人為自己帶來困擾與不便。心智頭腦就是這樣，我們只知道盯著別人看，自己在得理不饒人的時候，又有多少人能夠覺察到自己的內外不一致呢？

沒有人喜歡被批評，但自己卻一直在做批評人的事情；自己不聽諫言，不喜歡有人在旁邊指點，卻要求對方一定要照你的意思做；希望對方別介意自己的直性子，說你個性就是這個樣，但卻討厭對你頤指氣使、講話太直的人。

用說的智慧與修為人人都會，遇到問題還不是一樣猙獰醜陋。說好的改變呢？你當下領悟出多少，會在你下一次遇到的事件中看出來。

我也會被激怒、到處都有挑戰，我就問自己：「對方是要教會我什麼？在這一刻，我缺少什麼特質，因而感到痛苦？」

當你看到反應遲鈍的人，這讓你學到了耐心與等待；當你看到憤怒發脾氣的人，這讓你學到了沉著與包容；當你看到粗暴無禮的人，這讓你學到了尊重與自愛；當你看到封閉自卑的人，這讓你學到了擁抱與給予；當你看到欺詐懷疑的人，這讓你學到了操守與信任；當你看了固執驕傲的人，這讓你學到了彈性與謙卑；當你看了驚恐無助的人，這讓你學到了勇氣與面對……

學習，天天都在發生，只要你用心，它無所不在。這些道理看似簡單，但並不意味著實踐起來相對容易。

當你有機會看到自己的全貌時，勇敢去看見你所害怕的，去接納一切，甚至你看到的自己是膽怯骯髒的，一旦接納了自己，就會開始接納別人。

第一步永遠是最難的，你必須對抗舊有思維與習性。持續走出每一小步，這會累積成巨大的動力。每天給自己送出一個成功的小漣漪，長時間下來，就會形成巨大的海嘯。如果不去展開行動，每一個事件到最後都會走向揚湯止沸的結局，功虧一簣。

成長是無形且漸進的，淪為平凡也是如此。

既然我們的生命充滿了苦難，那為什麼要繼續活著呢？我們所擁有的力量，遠比我們知道的要多；我們對生活的掌控力，也遠比我們了解的還要大。

我們是來學習成長的，在你眼前的每一個人，都是我們的生命導師，不管是年紀比我們長的還是後生晚輩，他們的故事降低了我們的痛苦，也減短了我們的摸索時間，最後讓我們變得成熟，學會承擔。

我要再一次感恩每一位與我對話、給我眼神、透過文字交流或出席我任何一場演講的你們，你們全是我的生命導師，你們總是安靜的陪伴，對我永遠只有支持，你們給了我勇氣，帶給我力量，我是如此的幸運。

你們的生命歷程讓我懂得尊重生命，也啟發了我，教我要給予這個世界更多，讓我看到自己的生命價值，沒有你們，我不會在這麼短的時間走到這裡，成為現在的模樣。

學習，真的是一輩子的事情。一個轉身，兩個世界。

Chapter 4

想活，就要永無止盡的奔跑！

二〇〇八年，我人在北京，當時一位大哥說等等有一位演藝圈的朋友會過來湊湊熱鬧，我心裡期待著會是哪一位帥哥美女呢？最後，出現在我眼前的是一位身材微胖的中年男子，或許是我自己孤陋寡聞，不能因為他的名氣沒有傳到我這，我就對他有所質疑。席間，現場都是一些企業老闆，我充其量只是個小跟班，最後我和這位演藝圈、外型比我還大叔樣的朋友共桌，他虛長我一兩歲，我們還算能聊上幾句。

我問他在演藝圈多久了，二十年！天啊，他真的只有大我一兩歲嗎？是我太會保養了還是怎樣，我猜他一定是實力派的。唱歌的？演戲的？丑角？諧星？還是主持的？原來是說相聲的。

我在台灣有去聽過幾次相聲表演，但和其他音樂類型的演出相比，對它還是相對陌生。我看著這位說相聲的就在我面前表演了起來，實在是太有臨場感了，這音律、聲調、表情、肢體動作，可真是讓我打從心裡佩服，我剛才還在那以貌取人，真是為此感到慚愧得抬不起頭，當場向他懺悔，他只是哈哈笑過：「沒事。」一個段子結束後，他虛心請我點評，哈，我哪有這本事，當然最後我也拿出我的看家本領，現場幫他看了他的人生使用手冊，協助指點建議了他未來幾年可能發展的方向，他說我比他更加不可思議！彼此彼此。

在閒聊中，聽了他這十幾年來的經歷，所以，不成功沒道理啊！我祝福他的演藝事業可以一路順利，更要以他為榜樣，我跟他說：「有一天你也會知道我是哪號人物，我來自台灣。」

二〇一三年，大陸央視春晚的一段相聲表演，這聲音好熟悉，真的是他，我開心的起立鼓掌，原來他叫郭德綱啊！我為他的成功喝采，不管他是否還記得我，儘管世人對他的評價褒貶不一，那一次的相聚仍是我往前奔跑的養分，我還是要謝謝當年的一面之緣。

郭德綱家裡窮，沒背景、沒家境、沒關係、沒金錢，他想：「如果我不努力去爭取、去拚搏，那活著還有什麼意思？我的人生我自己做主。」於是他來到了北京拜師學藝，卻沒想像中順利，到處碰壁，沒有人願意接受他。為了省錢，他住在郊區居民樓裡，總是來回奔波花上四、五個小時，儘管如此，他從沒耽誤過一次學藝或是任何演出的機會。

每當夜幕低垂，大家早已回到溫暖的家，他卻繼續練習新學的段子，直到嗓子沙啞，舌頭打顫才願意回家。

整整三年的時間，他抓緊所有的機會拚命學習、練習、背誦、記錄每一種相聲段子，那一段期間，他沒看過一場電影，沒逛過一次街，也沒好好睡過一覺。他看著所有人在花前月下，舉杯弄盞的時候，依然警惕自己只能繼續揮灑汗水，緊咬牙關堅持著，直到表演可以到達收放自如的滿意水準為止。

有一次陰雨綿綿，他走回到住處已經全身濕透，一頭栽倒在床上，發著高燒，他心裡清楚這樣下去非出事不可，明天還有一場演出呢！於是撐起身體，買了兩個饅頭和幾包感冒藥，硬是給挺過去。臉色蠟黃的趕到現場，搭擋小心攙扶著上了前台，微笑一鞠躬，表演開始！就是這種拚勁，在競爭激烈的北京站穩了腳步，紅透大江南北。

你還在覺得你的人生很悲慘嗎？為何幸運之神老是與你擦身而過？抱怨就像是癌細胞，擴散的速度極為驚人，停止這樣的行為吧！

在人生的道路上，每個人都有自己的生活方式，你可以坐在車上，或撐起傘悠然在生活的風雨中前行，你也可以過度悲情、認為老天爺處處針對你，老愛跟你開玩笑。但你應該要做的是拚盡全力的向前奔跑，催動體內每一個具有生命力的細胞，直到見到人生的彩虹。

Chapter 5

新年新希望，許願許上癮了

你有什麼新年新希望嗎？還是你已經不再過這種許願的老梗，認為這根本是陳腔濫調，沒有討論的價值，日子不就是這樣過，這麼多年了，也沒有真正實現過，每年都在說這新年新希望，有什麼意義嗎？

麥克・唐納德當初向一個又一個金融家，一次又一次的說明他想做的事，但總是引來一片笑聲，大家高度質疑他所提出來的想法，覺得這個人是頭腦有問題嗎？金融家的反應都是：「你的意思是要在房子和街道下面挖鑿一個下水道？明明有馬路不走，卻要叫大家在地面下進進出出，你這下水道就像個迷宮似的，伸手不見五指，然後又得和下水管、煤氣管或者電纜線同時存在？不要鬧了好嗎？」

不管別人怎麼說，麥克・唐納德都不曾放棄，因為這是他一直以來的希望，他也堅信他的希望一定可以改變人類的習慣。從零到一，開始總是最難的，所以他主動積極，逢人就說、逢人就講，他告訴自己，他的人生不可以開始於希望，卻停止於放棄，放棄就是失敗。

我們的希望會失敗，往往都是因為自身的高度不夠，才會看不清楚，不然就是太看得起自己，程度不夠，小孩開大車，貽笑大方了。

最後他找到了一個接受這個計畫的投資人，兩人一拍即合。不僅改變了紐約，也改變遍了全世界。紐約地鐵歷史悠久，並且是極具指標性的公共地下鐵路交通系統。他最初堅信的願望實現了。願望，本就應該讓它成真。

我看過一則關於新年新希望的新聞，這個新聞指出，經歷了一整年的起起伏伏後，多數人對於新的一年，都會給予較高的期待與希望。統計結果是，新的一年到了三、四月份，已經有三成的人對自己許下的承諾產生了不確定感；也就是說，才短短一百天，就有三成的人對於自己堅定不移的承諾產生懷疑與動搖。到了六、七月，超過半數的人已不在自己期許的軌道上，做的事情跟年初的新希望已經沒有太大的關連性了；這也意味著，半數以上的人在經過半年的時間後，就開始變節、背叛自己。直到十二月，九成的人感慨一整年紛紛擾擾太多，期待新的一年讓自己重獲新生。所以，到了跨年，只有不到百分之五的人能夠歡喜收割，實現年初的希望，再朝來年的新希望邁進。

人真的這麼禁不起考驗嗎？我們正在創造這種精神分裂的反覆輪迴，你以為是一年來一次嗎？錯了，這種變節、自我背叛的劇情是天天上演的，太恐怖了！看看身邊的朋友，別忘了還要順便看看自己，有多少人從一開始的「我是認真的」，到最後自圓其說，說：「人生短短數十載，開心、平安、健康就好。」很多對吧。口頭承諾就跟喊口號一樣，超級廉價不值錢，我們連自己都無法相信了，還能相信誰。

我們為什麼不能成為那個敢為天下或團體先的人呢？遺憾的是想的人多，做的人少。除非我們真的能夠專注在我們的希望上，否則到了年底，只能再次許願。所以是許願許上癮的意思嗎？我們不斷的在燃燒生命卻一事無成，許心酸的。

與其等待新的一年來臨，不如新的一天就開始。無論如何，紮實的將自己的承諾完成，年年都會是好年，日日都會是好日，這會是真的。為什麼別人總是有天上掉下來的餡餅，幸運之神不會沒由來的眷顧這些人，偉大的事業都是從不起眼的點滴細節起步的，每一個新的希望就從感動自己開始！

真正的領袖多數都是出身草莽，最美麗的花朵也從來不是綻放在溫室中。你相信宇宙間存在的定律法則嗎？在你努力實踐希望的過程中，算一算拒絕了多少誘惑，你所失去的，老天爺會很有誠意的補給你。為自己許下一個希望，看看自己有多大本事，然後開始行動吧！

Chapter 6

想法不是開始，行動才是

「萬事起頭難」，許多人對於事情摸不著頭緒，不知道該從何開始，最後就打退堂鼓，投降放棄快些、也容易些。成千上萬的想法無時無刻在腦中形成，大腦已經被我們訓練到無所不想的反射動作，但多數人卡在沒能付諸行動、產生行為，於是成千上萬剛萌芽的想法，在腦中就被立即扼殺終結了。原來秒殺夢想的人，不是別人是自己。如果美夢尚未成真，我想這中間肯定有什麼是我們漏掉，沒去處理或誤會的。

想法不是開始，行動才是！

還記得三隻小豬的故事嗎？豬大哥用稻草隨便鋪一鋪就完成了事，打完收工；豬二哥則是用木板釘了自己的窩；只有豬小弟不怕麻煩，用水泥和磚頭，一磚一瓦的砌成堅固的磚造屋。大哥二哥都笑他笨，浪費時間做這麼多，看不懂豬小弟到底在幹什麼。豬小弟不以為意，仍然決定靠自己的力量蓋一間穩固的房子。大野狼來了，豬大哥的茅草屋及豬二哥的木造屋，都讓大野狼輕輕鬆鬆摧毀，只有豬小弟的磚造屋，讓大野狼踢到鐵板，怎麼樣都攻不進去，縱使從煙囪爬進去，也讓豬小弟用熱水燙得哇哇叫。

回想一下，在我們還很小的時候，聽完了三隻小豬的故事時，也都認為人生就應該像豬小弟一樣，一步一腳印，可是長大後，我們的行為與豬大哥、豬二哥如出一轍，最可怕的是我們竟然都沒有發覺。我們學會了笑他人笨、也認為幹嘛浪費那麼多的寶貴時間？豬小弟的生活價值，早已不存在我們的內心世界了。

現今的社會，好高騖遠、不願腳踏實地，一不小心就變成思想上的巨人，自以為雄壯威武，一副了不起的樣子，其實是行動上的矮子，根本一事無成，只會怨天尤人。為什麼他人總是花最少的力氣，享受最好的成果？你真的這麼認為嗎？老天爺是公平的，你準備多少，祂就會給你等同的回報，這是毋庸置疑的。

大野狼就是老天爺派來的考驗，我們是否能夠禁得起考驗，是一翻兩瞪眼的。愛迪生如果沒有堅持不懈的契機與動力發明了電燈，人類文明的歷史可能又要延後數十甚至上百年；賈柏斯如果只是把想法放在腦海中，沒有將它落實，現在的生活豈能如此便利。他們都是將夢想實踐的偉人，我們享受他們帶來的大改變，卻沒從他們身上學習到應有的態度。

君子立恆志，小人恆立志。現在很多人喜歡走捷徑，只想得到結果，卻不想去經歷過程，整天盡想用些手段、權勢或現代知識技術，以最輕鬆不費力的方式來賺錢。殊不知他們以為的最快，其實是最慢。做生意要走正路，成功是早晚的問題，急不得，你以為這是最慢的，其實是讓你最快成功的。

如果我們也想成功，至少要跟這些成功人士一樣永不放棄。很多人的「志願」僅僅停留在「想法」上，對於眼前的生活或工作，表現出來的是不屑一顧，眼高手低只會與成功無緣。

「對小事情抱持輕率態度的人，做重大事情時也是不可信任的。」我們可以透過一個人對日常生活中小事情的反應和想法，推測他面臨重大事件或危機時的處理能力。對小事都能夠考慮周全、親力親為的人，在面臨挑戰和考驗時，必定也能帶著這樣的態度往前邁進。若是不把小事放在眼裡，能避就避，消極處理，如何等待好機會的出現呢？

「態度決定一切。」生命不息、奮鬥不止，應該是每個人的生存原則，俯拾全是機會，若要捕捉機會，就要積極進取，時刻準備著。我們要學會重視自己的生命，還有工作上的每一件事，認真做好當下的事，並修飾你做事的每一個細節。

不要讓自己的生命永遠停留在想法的階段，不要小看那些微不足道的小事，沒有小哪來的大，每天的點滴小事中都蘊含著豐富的機遇，偉大的成就都來自每天的累積。無數的細節就能改變生活，最後改變我們自己的生命，開始行動吧！

Chapter 7

「現在就去做」的習慣

計畫當然很重要，但計畫並非行動，也無法代替行動。如果你只計畫不行動，那麼再好的計畫也無用武之地。沒有行動，什麼事都不會發生。想法本身不能讓你走向成功，行動才是改變一切的鑰匙。千里之行，始於足下，不要再抱怨命運不好或機運不佳，行動就是力量，行動才能改變自己的命運，多說、多想毫無意義。在這個社會，已經不缺乏躊躇滿志的人了，只缺少能把想法付諸行動的實踐者，沒有人能替你思考，更沒有人有義務替你行動。

我們常會遇到這樣的狀況：有人提出了一個很好的計畫，所有人都覺得前途一片光明，可是最終卻沒能實現，不了了之。這是因為，人在應該說：「我現在就去做，馬上開始。」的時候，卻想著「我將來有一天會開始去做！」可是這遲遲未到的「將來」，卻始終沒有到來。

人做事常常會缺乏「開始」的勇氣，但如果你鼓起勇氣開始做了，就會發現你已經跨越了成就一件事最大的障礙。萬事起頭難，有勇氣下決心開始，再往下做就會順理成章。

「你所浪費的今天，是昨天死去的人奢望的明天；你所厭惡的現在，是未來的你回不去的曾經。」哈佛的校訓這麼告訴我們，「現在就去做！」這個習慣可以影響你生活的各方面，能督促你去做你不想做而又必須去做的事，你的生命才會有真實性，而不是空空洞洞的，沒有畫面，一點都不踏實。

明明昨晚睡前才編織了作戰計畫，覺得自己就要開始變得不一樣了，可現在人還沒下床，就用拖延開啟了一天的序幕。再五分鐘、十分鐘就好……，一延再延，最後在忐忑不安的糾結中，產生了骨牌效應。接下來，出門後的每一個紅燈或大塞車，還是就差那麼一分鐘而錯過的捷運，都讓自己覺得莫名的火大，然後就是可以預期到的混亂的一整天。

拖延是一種惡習，可以耗掉每一個人一天將近三分之一甚至一半以上的時間，所以我們的人生有二十多年是被我們拖延消耗掉的，太可怕了。會拖延，就是不想去面對，逃避不能解決問題，當我們對某個事件或者工作產生抗拒時，拖延的過程就好比抗戰成功，會讓我們感覺輕鬆自在，鬆了一口氣。

拖延的習慣，讓我們的性格變得猶豫不決，養成自己辦事拖拉屎尿的處事作風。它不僅消磨我們的意志，也會讓我們失去信心，目標無法如期完成，我們的決心備受考驗，能力自然受他人質疑。

我有過一個員工，他一心一意期待有一天可以成為知名講師，可以站上世界各地的舞台，向公眾演說，展現個人魅力，受人愛戴。才工作幾個月的時間，就聽到其他同事反應他漫不經心、不當一回事的心態，這已經嚴重影響到大家的工作進度與心情；他每天優閒自在的吃著早餐，等到開始工作都已經快十一點了，做事拖拖拉拉，工作懶散沒效率，交待的事情最後都會變成推諉卸責。

上午的事情拖到下午，今天的事拖到明天，拖延就是現在不用急著做、這件事情不那麼重要。於是很多事情不敢讓他經手，太讓人不放心了。同事對他的辦事能力不以為然，他則覺得全公司都在針對他，幾個月下來，連簡單的工作內容他都覺得好有壓力，最後當然萌生退意。

每一種習慣都會對我們的命運產生改變。拖延，它是一劑毒藥，就像吸毒，過程讓人舒服，最後卻吞噬了一個人的激情，也毀掉一個人的前途，我們都在慢性自殺。同樣的舞台，有人因為拖延的壞習慣，禁不起考驗，最後選擇了離開，但也有人在這舞台大放異彩、成就自我。

一再拖延就是違背承諾，它會造成我們信心不足，沒有安全感。心生恐懼，害怕失敗，面對有威脅性或艱難的事情就會無法完成，最後成了大家嘴上所說的沒責任感的人。縱容自己、不懂得自我約束，就是拖延養成的溫床，個人造業個人擔。

如果不想做個「明日復明日」的拖延者，現在就去做！

Chapter 8

你可以允許自己快樂

有位讀者寫信給我，他說：「我好不快樂，好失望，老師，你也有不快樂的時候嗎？你是怎麼看待快樂？……」

他五十多快六十歲了，從事國小、國中、高中參考書編輯出版二十多年。兩年前，他有一位員工，離職後帶走了一批人，另外成立了一家出版社。從員工轉變成同業競爭的對手，前員工將這位大哥花了多年的心血但尚未對外公布的系列書籍，拿去變成創立新公司的明星產品，風光上架，為新公司帶來了利潤。然而，這產品卻是這位大哥二十多年來的智慧結晶。

我也經歷過類似的經驗，可以想像心裡會是多麼憤怒與不甘。但人不為己天誅地滅，只為求生存的前員工就一定錯了嗎？這也是我一直在反問自己的問題。我到底能給予他什麼幫助呢？解決他的煩惱，就是解決了我的煩惱。讓他快樂，就是讓我自己快樂。

沒有這位前員工的舉動，你還不知道真正需要報恩感謝的是哪些人。你真的要謝謝他，他的出現讓你放下對很多人的責任，這一群人的家庭生計你無須再承擔掛心，我覺得是好事啊。不要讓自己進入欺騙與背叛的痛苦，因為那是他們要去面對的，不是你。

你有看過雜耍特技表演嗎？有一個人拿著一疊美麗易碎的瓷盤，要將這些瓷盤一個一個放上一、二十根站立的細棍頂端旋轉著，表演者要不斷搖動細棍並且不讓瓷盤掉落。瓷盤搖搖晃晃的，我們看得歡喜卻也驚險萬分。

我們的生活就像那些瓷盤，將所有的事情一件一件的往危險擺，才發現它們晃得厲害。誰不想為自己的生命創造奇蹟，於是我們拚命的讓所有瓷盤一起轉動。

當他人的行為舉止不符合我們的期望，事情超出了我們的控制，最終瓷盤七零八落的砸得粉碎，我們凝視著滿地的不堪，又要留心持續轉動搖搖欲墜的瓷盤。我們給了他人太大的力量，來主宰我們的生命，決定我們該哭還是該笑，是我們主動放棄了快樂，交出這份權力。

我們將快樂的本質，架構在充滿誘惑的外在世界，但外在世界並沒有好好善待我們，它讓我們的內心矛盾難受。可笑的是，我們還是依賴外在世界所發生的一切，來決定自己快樂與否，然後做出痛苦的回應。我們緊抓著不斷改變的人事物，來創造穩定的假象，最後，人生被自己弄得如瓷盤般慘不忍睹。

快樂的一切要件，全都在自己的心裡，是不是要快樂的關鍵是你的心境，而不是你那討人厭、受委屈的處境。當我們把所有心力花在心智頭腦的外在世界，已經預言了我們終將走向痛苦。為什麼要讓他人的過錯，來創造我們的天堂或地獄呢？於是我們再也快樂不起來。

有一天，寒山問拾得：「世間謗我、欺我、辱我、笑我、輕我、賤我、惡我、騙我，如何處治乎？」

拾得云：「只是忍他、讓他、由他、避他、耐他、敬他、不要理他，再待幾年你且看他。」

這是多麼高的智慧修養，但確實也是如此，拿不走的是你的專業、你的感動、你的內心世界、你愛的能力，而凡被拿走的，根本不影響你繼續快樂，只會讓你的內心世界更加強大。再待幾年你且看他。是啊，這些有心人早就已經人間蒸發，不知道哪去了。

如果你覺察到生活中有些事情擾亂了你的思緒，其實它正在為你帶來某些自然的發生，你再仔細觀察聆聽，全是老天爺的輕輕呼喚，只是我們的步伐太快，沒能留心注意。如果你受了傷害，心裡不平靜，總是不快樂，沒有關係的，你只要選擇相信老天爺是關愛你的，祂承諾你，會讓這一切過去。

現在是時候到了，你將會有更多的喜樂平靜，少了更多的折磨苦難。現在是時候到了，你內心將獲得無比的自由，有更大的勇氣去面對內心的恐懼；你不再感到孤單，原來有這麼多的人總是陪伴著你。現在是時候到了，你長大了，不會再讓父母及關心你的人操心，你會看懂更多事情，也會擁有更多的慈悲心；原諒他人，其實就是放過自己，直到記起自己的真實面貌。現在是時候到了，你開始為生命增加厚度、提升高度，你不會再感到悲傷，你會珍惜現在的所有，你會開心的度過每一天。

一個好的、對的想法讓我們的生命充滿生氣。我想告訴你，你可以允許自己快樂，這是一個多棒的祝福，我們將用完全不同的視野讓自己快樂著。我只是想把這個對自己有益的想法，傳給正在閱讀的你，這是你我的緣分，就像別人總是無私地將快樂傳給我一樣，讓我能夠一直滿心喜悅。

Chapter 9

決定會為你帶來力量

「後悔」就是浪費時間。

早知道就選A餐廳，而不是現在選的B餐廳，真是後悔。

後悔不過是一種幻覺，因為我們無法體驗自己從未經歷過的人事物或地點。

人無法同時出現在A和B的空間，所以不能同時體驗兩件事情，因此每一個決定都會是最好的，可是我們很喜歡花時間在同一時間、不同空間作比較。

既然已經做出了決定，就接受深信它的好，才能吸引更好的未來，永遠只有你自己能夠賦與「現實」、「當下」意義，但我們總是將內心的力量拿來否定當下。我們幫當下定義了「這是壞事」、「這是錯的」的判斷，就等於斷絕了所有後續發展的可能性，既然如此，你還能期待什麼。

抱怨就是說明了你對這件事情有多麼的後悔，這個讓你後悔的事情，是你當時萬中選一的決定不是嗎？是不是很有意思！

你從來沒花時間看看你自己，你早就已經是更好的自己了，沒有什麼「早知道」、「要是」，只有此時此刻，誰在否定當下，誰就是在否定自己。當你是誰，你就會遇見誰！

遭受逆境打擊的絕對不只我一人，我常在想，有些人咬緊牙根，通過了淬鍊；然而有些人就是不行。每當我想要放棄，選擇逃避不再面對的時候，心裡就出現一個聲音，這個聲音告訴我：「有人成功挺過了逆境，現在，我也可以。」就是這樣的信念，讓我一路走到現在。

面對自己是需要勇氣的，幹嘛一直整天向外看，要比就跟自己比，這會讓我的內心充滿鬥志與信心，我看到自己有了明顯的進步。我知道有一天我將會帶著某種具有鮮明、奮鬥、有影響力的身分，重新回顧檢視這段歲月，過去所有的發生早已成為我的甜蜜回憶，它們是我生命的泉源，也是滋養我的養分，每一段經歷都是無可取代。

我通常會這麼想：「其他人放棄的時候，是因為他們不知道信念與潛意識之間的振動頻率，會在內心產生多強大的力量，我相信祂會為我帶來喝采，我只要繼續前進就好。沒有人逼我，一切都是你情我願，既然如此，我就要多付出一份心力，就算情況變得艱難、黑暗，我也會展現出我的生命力，這是每個人都有的，只是多數人竟然對此一無所知！」

所有在眼前的問題與挑戰，都無法將我扳倒，這些狀況只會使我更加強韌；阻礙挫折確實讓人痛苦萬分，但需要逢人就說、四處張揚嗎？抱怨讓我們全身的頻率混亂，大量耗損能量、精力潰散。就算處境艱難，還是要督促自己，每天都要向前邁進一小步。

我真的很討厭看到有人在那邊哭哭啼啼、理由藉口一堆的，時間過了，還是沒有看到什麼長進。

我在某一次回台灣的飛機上，體驗到做出決定時的快感，那感覺竟是如此強烈。我的心跳加快，我知道我一定非做這件事情不可，這種感覺向下延伸至我的手掌、腳底，向上衝到我的頭頂，我可以感覺到全身上下有一股電流在顫動著。我當時所做出的決定，就像骨牌似的產生了蝴蝶效應，僅是一個決定，卻為我帶來深遠的改變，直到現在。記住你在做出決定當下的感覺，那會為你帶來強大的力量。

每一次我做出決定的時候，潛伏在心中的某一股壓力就會不自覺消失，相伴而來的是由衷的喜樂。我會迫不及待想要立刻行動，而且我知道這個決定會為我帶來自然的發生。

做出決定的當下是充滿魔力的，我必須百分百支持自己做的決定，為這個決定負起責任。當我做出決定的時候，彷彿站在一個更高的視野在看待自己的生命。那一瞬間的關鍵時刻，總能讓我稍稍領略到生命的輪廓，我為此感到雀躍而開心，我期待著接下來會發生的每一件事情，我知道這一切都會讓我愈來愈不一樣。

一旦下定決心後，所有的選項將變得清晰好理解，由於你所做的決定直指目標，那將是前所未有的踏實感，而且讓你心無旁騖的達成它。當你知道自己將往何處去時，相對的選項就變得簡單自然了許多。

不要覺得當下是痛苦的，會痛苦是因為你始終做不了決定，而做出決定後，不是拿來後悔用的。你的信念有多強，力量就有多大，這股力量會讓你的行為更加持久堅定。

Chapter 10

弄不死我的，只會讓我更加強大

我這麼多年與人對話不曾停過，從大家身上我看到一個有趣的現象，愈沒有勇氣面對風險的人，愈害怕吃虧；他們不僅處處占盡便宜，異想天開的認為所有的投入都必須毫髮無傷，還要對方掛保證可以全身而退。有這樣想法的人，不願意跨出未知的第一步，永遠與成功擦身而過。

這類人多數都是好人，重倫理、講孝道、心存善念、不與人爭，他們教小孩要勇敢，去追逐夢想，凡事要堅持不要放棄。但這個世界就是如此殘酷，這些多數的好人，他們最終賺取小錢，小鼻子小眼睛，你又不能說他們沒格局，不然他們會生氣，因為他們很能高談闊論，上知天文下知地理，怎麼會沒格局。

年過半百依然從頭來過的大有人在，可是有更多人風華正茂，卻始終不敢放手一搏。一個人最大的阻礙往往不是事件或對手，而是自己本身。今天不努力，明天連站的位置都沒有，只有經歷過狠境、絕境，才能具備披荊斬棘的本領。

挫折、困難、環境都不能成為退縮、讓自己原地不動的理由。不是只有你的生活一團亂，那些站在高處的人，沒說而已。有捨才有得，大捨才會大得。

前怕狼後怕虎，注定找不到出路，我偏要與狼共舞。我們自以為安全的做法，人算不如天算，最後自己搞死自己，聰明反被聰明誤。凡事不要只想到利益，過分運用心智頭腦去分析預料結果，最後這個世界將會給你一個更糟糕的結局。尊重自己的決定，學會接納事實，所有的一切都會對我們有幫助。

這個世界會找上我們每個人，其實是要送我們禮物，只是我們的智慧有限，沒能看懂這恩典，所以永遠沒有奇蹟發生。老天爺將會引領願意跨出第一步的人，走上出乎意料的豐盛旅程，你會開始愛上這個世界，心悅誠服的收下屬於你的禮物。

不要害怕發生在你生命中的事，愈是膽小怕事就愈容易被思想包袱所累，最後還是沒交出什麼代表作。別冉想了，與其在思考中行動，不如在行動中思考。

想要在生活中獲得成功需要時間與行動，滿腦子都在想如何省去這一段過程，根本是一項罪惡。任何行動都好過沒有行動，因為即使是錯誤的行動，也能成為你的參考，你總是能夠從中學習到許多。

如果你不積極將想法轉成行動，永遠不會達成你心中的渴望。大聲說出你的想法，光是這個舉動，就會在你的生態裡造成莫大的波動，讓這樣的波動開啟你的旅程，因為它已經變成有形的能量了。

隨時隨地啟發他人，給予幫助，看見他們一個一個走向更好的方向，這就是我的熱情所在，也成了我不斷向上的墊腳石。這個世界教會我什麼是謙卑、同理、慈悲，我真的好感恩！

人們都想要做自己喜愛做的事情，但他們只是說說而已，很少人願意為它負起責任。我得到的回應千篇一律：「等我小孩長大了、等我工作告一段落、等我再有錢一點、等我有了時間、等我再弄懂釐清一些事情、等我想清楚自己到底要的是什麼、我根本不知道自己想做什麼……。」

你們看，多麼荒謬的鬼扯。採取行動為什麼讓我們這麼恐懼？我們唯一要做的就是去克服這個恐懼。

有看過小孩子學走路嗎？小孩跌倒之後，不僅沒有退卻，反而再次爬起來，再邁出一步。奇蹟似的，這小孩竟然就這樣會走路了，自此展開了他的一生。

沒有人天生就會的。你見過哪個小孩在跌倒無數次後說著：「算了，我放棄，我不想學走路了，我想我一定是命中注定學不會走路的。」

我們愈活愈回去，連個小孩子都不如。小孩們只知道爬起來再試一試，你曾經也是那個小孩，你忘了嗎？

當我們在面對強大的壓力時，怕什麼？是威脅還不夠嗎？不然你會自然跳過那面牆。不要待坐在原地等死，付諸行動，你的心才會覺醒，智慧才會綻放。

我只知道，既然弄不死我的，就只會使我更加強大！

Chapter 11

讓自己隨時活在愛裡

我認識一位廣播電台主持人，以一個幕後工作者來說，他的名氣算是響亮，粉絲也很多。去年光棍節的時候，我們還約在香港轉機時碰面，小酌一會兒，互道珍重，然後又各自飛往不同的國家。

前陣子，他興奮給我打了個電話：「我終於遇見這麼一個人。她能夠欣賞我的每一個部分，這感覺和過去不一樣，我想和她分享我的生活點滴。我內心波濤洶湧，這樣的情緒已經堆積好一陣子了。我們兩個工作回家都已經精疲力盡了，卻還能再多聊個兩三個小時，睡前睡醒都是對方的溫暖問候。我覺得她非常出色、迷人，工作上的表現更是受到大家的愛戴，還致力於追求靈性的成長。幾個月下來，她喚醒了我對生命的憧憬，我迫切渴望與她建立自覺、深情的關係。」

沒多久時間，我朋友的電話又來了，他焦慮地問了我這段話是什麼意思？

「你是名人，粉絲這麼多，你真的會注意到我的存在嗎？我的智慧與成就不到你的十分之一，你會嫌棄我嗎？我已經在努力了，可以再給我一點時間嗎？我希望有一天可以跟你成為好朋友！」

看得出來，他沮喪難過。我問他：「你們兩個現在是什麼狀況？她單身嗎？對你是什麼感覺呢？好朋友的意思是什麼？她在拒絕你還是希望你等她？我都被你們弄糊塗了！」

「不知道，不知道，統統不知道啊！我從來沒去問過她這些，只知道和她聊天讓我很開心。這麼多年了，沒人讓我這樣子的。其實我很清楚她的條件比我好太多了，我只是比較有名氣罷了，這幾個月下來，都是我自個兒在那一廂情願、自作多情，她從頭到尾或許只把我當成一個再普通不過的朋友罷了。我意識到我或許不該再打擾她了。我一定讓她很為難，但我謝謝她這兩個月帶給我的快樂，我會安靜的離開，並默默地祝福她，希望她一切都好。很遺憾沒能一直陪伴在她身邊，我很想開口向她道別，但真的說不出口。」

「請問你現在在演哪一齣？難得看你這麼難受，你也會為情所困啊？」

「這是為情所困嗎？」

「不是嗎？熱戀中的男女，愛到深處情正濃時，都沒像你們這麼恩愛，每晚在那打情罵俏的。」

我也談過幾場戀愛，所有的愛情故事一開始都是這樣，你我都不例外。當愛情來敲門，誰擋得住，怎麼理智。

很多人失戀的時候，總喜歡把一首悲傷的情歌單曲循環播放，一把鼻涕一把眼淚，多揪心啊；一個人安靜想事情的時候，也能把對方給想進來。思念真的是一種很玄的東西，它無所不在、無時無刻，讓人睜眼想、閉眼想、低頭想、抬頭想、吃飯想，連睡覺也想。我們失落地那麼擲地有聲，嘴上卻口是心非說著「沒事」，其實我們把對方看得比誰都珍貴。緣聚緣散之間，才知道永遠太過遙遠，相知相守如此珍貴。

原來愛一個人這麼不容易，它讓我們變得偉大卻也卑微。我們不停的製造浪漫，只希望能讓對方露出微笑；我們翻山越嶺去關心對方，不見得能夠獲得對方的回應，一夜未眠也甘心沈浸其中。這就是愛情，我們付出所有，卻也痛徹心扉。

我告訴這位朋友：「我不知道對方心裡是怎麼想你的，但我相信這些日子對你們兩個來說是再真實不過了，不是嗎？追來的很累，強求的不美。你沒看過韓劇嗎？韓劇裡面的男女主角，不打不相識，還不是在那曖昧來曖昧去，他們默默關心著對方，直到發現彼此相愛，其中一人就會開始退縮，考驗才要開始。男女配角的出現、家庭的衝突、生活的壓力、雙方條件的差距，還有永遠為對方著想，但總是不願說出原因的怪理由。他們總是一再的錯過彼此、永遠無法在彼此身旁守護對方，高潮迭起，一波三折，賺人熱淚！

「我不知道你最後與她的結果會是如何，要嘛她其實早有對象，只是不知該怎麼向你說明；要嘛她就是想把自己整理好，你要給她一點時間；再不然就是你沒有她想像中的好，她可能把你想的太好了之類的。總之，用愛去祝福對方吧！人生的每個階段，總會有那麼一個人，讓你歡喜讓你憂，你必須學會讓自己隨時活在愛裡！」

「讓自己隨時活在愛裡？」

「是的，所有的愛都是從我們的內心發射出去的，意思是我們如果隨時向外發射出內心的愛，無論身邊發生什麼事情，我們依然被自己的愛包圍，我們就可以體會到活在愛裡的狀態。一個內心充滿愛的人，他會感覺到有人愛他，才會知道怎麼去愛內心的伴侶。

「在愛情的世界裡，只要對方條件符合我們所期待的，就會讓我們幸福、喜悅和開心，我們將這些感受放到對方身上，認為愛是從他身上散發出來的，於是才會說：『我戀愛了，我愛上了某個人。』但對方如果沒有做出你預期的事情，或者手機訊息一段時間沒有回應你，你就會感覺不到他的愛，就把愛給關起來。

「我們的心要更加開放，心一旦受到啟發，會一直創造源源不絕的愛，我們隨時都能感受到自己的愛，當這份愛與他人發出共鳴，連結彼此的心，這就是活在愛裡。這狀態讓我們懂得如何愛自己，活在屬於自己充實的愛裡。

「你對她的感覺你自己心裡最清楚，因為在乎對方，於是你看到自己的自卑、不足、恐懼，你開始失去勇氣也讓兩人的關係失衡，你不僅收不到對方的愛，最後選擇了迴避或默默淡出對方的生命，但這樣的結果有讓你比較開心嗎？當你隨時活在愛裡，你會遇見對方、看到對方，你們自然會相遇、相知、相惜直到相愛。」

你有沒有碰過這一種人？緣分就是這麼奇妙，在這千萬人中就會讓我們遇見，而這漫長無涯的荒野等待中，它沒有早一步，也沒有晚一步，剛巧碰上了。你對他一見鍾情，那一瞬間你知道你們是重逢，絕非初次碰面，你找到了期待已久的伴侶，對方和你如此契合，你想珍惜他，他也希望你愈來愈好。你開心快樂，他燦爛微笑，你感覺已經和他共同經歷了好幾世，他將是你所愛的人。

在這個世界上，總會有那麼一個人奮不顧身跨越人海，來到你的身邊。所以當愛情來了，你可以向前走去，輕輕的向對方說一句：「等你好久了，你終於來了。」對方信守承諾，走進了你的生命裡，只為了愛你、支持你。就像你對他一樣，你們互信、互重，如此一生。對方的出現讓彼此都想要加速提升自己，這是多麼棒的祝福。

我朋友聽得目瞪口呆，「你怎麼會說出這一大段話來？你從哪領悟來的？講得真好，我明年初在大陸三個城市都有主持，你都來當特別來賓好嗎？為所有在愛情世界裡迷失的人們說說話如何？」

哈哈，只要用心覺察，即使只是短暫地與人接觸談話，一天依然有上百次的機會，可以讓我們在與人回應的時候，培養愛，讓自己隨時活在愛裡。

Part 4

面對真實的自己

Chapter 1

只處理自己，不要去處理別人

「懷疑就是無知！」

我在臉書粉絲專頁寫上了這六個字，竟讓上百人踴躍的留言回覆。

「謝謝老師再次提醒，我不應該一直懷疑，我會繼續努力修正自己！」

「老師，我覺得不是這個樣子耶……，如果什麼都不懷疑，不是很容易就被人利用嗎？」

「謝謝老師，我還要再多加學習才能消除我心中的問號！」

「如果不去懷疑，人生怎麼前進？我們總得保護自己啊……。」

「謝謝老師讓我知道了我的內心是如此的脆弱！」

「老師，難道我都不能去懷疑嗎？我們應該要有追根究柢的精神不是嗎？」

多少人能在第一時間就接受自己知道的有限、是不足的？我們的心智頭腦發展至今，依然無法窺探掌控整個世界，我們無知的領域實在太多，遠遠超越已知的部分。這不代表我們是愚蠢的，但心智頭腦就是不喜歡被人認定是無知的，所以無論如何，一定要為這個論述做出抗辯。我們討厭被他人否定並將我們貼上標籤，我們試著將自己的懷疑合理化，其實只是為了要遮掩無知。

把心房打開吧，你會知道，這一句話是老天爺送給每個人的禮物，祂會影響你接下來的生命，祂讓你又多了一次機會，觀照自身與反省自己，你會再一次的提醒自己要接受與包容身邊的人，關係改善了，衝突減少了，內心平靜了，你自然能夠與情緒相處一室而不受干擾。

我們大半輩子都在處理外在世界的人事物，在人前我們永遠沒問題、是對的，所以不需要處理自己，都是別人的問題。才六個字就可以看出多少人的心智頭腦是如此的活躍。我們都要用心，而不是用腦。

有個女孩子問了我周圍所有的朋友，她為何會這麼悲慘？

我只是在一旁聽著，後來她說她根本不想來這個地球，她至今還不能原諒她的父母親，她早已放棄他們了，她只想尋求可以讓自己解脫的方法。

她說她找到了，決定交給心中的神，現在一心追求靈性，接著又說她下半年會很忙碌，還要再去報名上一個超級成長課程，同時還要再去找一些催眠、前世今生、靈媒的老師，希望這些老師能夠給她答案。我心裡想，剛剛不是才說交給神了嗎，為何還有這麼多的疑惑？

她四十多歲了，我可以感受到她很痛苦，她說她不能理解為何父母親要對她這樣子？她恨她的父母，至今仍然無法與父母對話。

我後來問了她：「妳逢人就問，剛剛與妳對話的所有人，其實都給妳很多很寶貴的建議，我聽起來都覺得很棒，可以試試看的。妳聽到了這麼多的方法，有沒有一個方法是妳可以接受的？就從妳可以接受的方法開始啊，妳曾經想過試著去了解妳的父母親嗎？」

她語氣突然變得相當嚴厲，用警告的口吻對著我說：「請你不要試圖侵入我的世界、扭轉我的想法，更不要用這種相對論的論述來跟我對話，這對我一點效果都沒有，只會讓我覺得反感。我只是想要找答案，錯不在我，你卻要用這種引導及逼我去同理的概念，去認同或理解我的父母親，這是沒有用的，我覺得我遭受到你猛烈攻擊了……」離開後沒多久，她又跑來跟我說，其實我只要好好享受與人對話的過程就好了。

是啊！沒有人會讓自己過得不好，只有你自己才會這樣看待別人，總認為別人這樣做是不對的。我待在自己的領域久了，一直享受著該有的地位與尊貴，不自覺的就想要出手相救，卻沒意識到自己渺小，人生百態，什麼人都有。你是對的，別人就是對的啊。

「我可以改變他／她。」

請不要讓自己存有這種錯誤認知。這不僅傷害他人，更傷害你自己。真正有辦法改變的人，世上只有一個——自己。就算是改變自己，也從來都不是一件簡單的事。

我們失去了感動、忘記了感恩，心智頭腦輕而易舉就重新拿回主導權，最後不再受老天爺青睞。

不取暖、不抱怨、不隨波逐流，我盡可能讓自己停在一個較為穩定的狀態，降魔收心是最難的。以前的帥哥美女，占盡多少優勢，如今一個個大叔大嬸樣貌，而我的生命才正要綻放，人生的精采老天爺自有安排。

我們總是用一種自大、批判、目中無人的姿態呈現於外，卻忘了最該處理的人是自己，自己本身問題一大堆，我們必須先讓自己愈來愈好。只處理自己，讓我看到了自己的價值，也改變了我看待這個世界的角度。

Chapter 2

當情緒來臨時

你認為你的生命似乎走進了冬天，你覺得：「完了，一切都沒望了。」但你卻沒想到，冬天過後，春天緊跟著來。如果你有種過一些盆栽花草，你就會知道乾枯的枝枒遲早能轉綠，並綻放花朵，因為你相信它還活著，而你的人生不正也在等待這一天的美麗盛開嗎？

泰戈爾說：「如果你因錯過太陽而流淚，那麼你也將錯過群星。」是啊，不要再去懊惱一些已經過去的往事或木已成舟的定局，我們應該專注在你所能改變的事情上。光前進，就已經為你帶來力量。

沮喪就沮喪，難受就難受，沒關係，試著與那個討人厭的情緒相處看看。很多人滿腦子整天想著如何將情緒排解掉，你中計了，你這樣天天想著天天念著，它怎麼可能會離開，你沒有打算要放開它，你根本忘不了它。

想法是情緒的燃料。情緒就像一團火球，在你體內流竄燃燒著，你萬萬沒想到，在你想盡辦法要撲滅這團火球的時候，你愈是一直想，情緒就愈是高昂，最後一發不可收拾。你唯一要做的就是，無須理會它，火自然就會慢慢熄滅了。

心智頭腦為了保護你這個主人，最快的方式就是扮演起受害者，但這並沒有讓你比較快樂，反讓你更加痛苦。受害者心態就是愛抱怨，而抱怨只會讓更多情緒跑出來，這種惡的循環，身體哪裡招架得住，我們都生病了。

情緒總是躲在記憶中的某個抽屜裡，不斷影響著我們，等到我們遇到了類似的情境或人物，情緒就會從抽屜裡跑出來，我們以為說服自己不要去理會它就好，但它不僅沒有消失，還帶著新的記憶點，跑進某個抽屜裡面了。面對你的情緒，只要去覺知它的存在就好，它想待在那裡，就讓它待在那裡，你知道它出現了，就在那個地方，你看見了。

就好像你進到一個屋子裡，你看見了一張桌子、看見了一台電視、看見了一雙鞋子、看見了一本書，看見就是看見，喔，就是知道了，這樣子就好了。你從來就不會去為眼前看見的這些東西，做出任何的評論不是嗎？你不會有太大的感覺不是嗎？看見情緒，就像看見桌子、電視、鞋子及書本一樣的自然，它就在那裡，就像那一團火，你看見它了，不要去助燃它，它就熄滅了。

因為你還不習慣觀察你自己，所以當情緒來臨的時候，你才覺得特別痛苦，而且你還覺得很奇怪，為什麼愈想愈痛。只有心智頭腦喜歡看別人做了什麼、聽別人說了什麼，然後為看到聽到的事件去下定義，一但下了定義，我們就等著情緒像熊熊烈火般，將房子燒為灰燼。

生命為何老帶給我們痛苦？多數的情緒都是從關係中生成的，我們在處理關係的時候，有了不和諧、不信任的感受，最後不是你在傷害他人就是被他人傷害。把注意力導向你的內在，仔細感受你的內心，你會看出一些端倪，心智頭腦正在製造一些討人厭的想法！

當你看到一個人墜入痛苦深淵時，不要以為他／她只是一個受害者，相反的，此人正在享受著這個深淵。你相信嗎？這個深淵多數是這個受害者自己創造出來的。

我們都在追求自己習慣的情緒，這才是最要命的誘惑。

尤其當莫須有發生時，他人或許來者不善，衝著你的情緒而來，只要你能夠扭轉意識，彼此的因果就會在一瞬間改變！你在意的其實是自己，我們始終逃脫不了在意他人看法的魔咒，「看見情緒」將讓這份攻擊無法繼續，你的心也將何等自由，沒有人可以傷害到你，除非你同意！

曾經，我總是一再尋找追逐新的目標，認定下一個目標一定可以更快的成就，讓我達到顛峰；我矇著眼睛，否認自己只想躲在舒適圈的事實，其實每一天都在盲目的追隨；我看不慣所有事情，認為這個世界本就應該以我為中心；我面帶微笑，但不自覺顯露出心中的不滿，每個話題事件都能挑起我的情緒！

你騙不了自己，你在逃避，你就是不想去看見它！

當情緒來臨時，那是你可以自我修復的最好時機，不是要你回到當時去做任何的改變，而是讓自己再一次的去接受發生，不用責怪自己，只要接納、支持當時會這麼做的自己，你將會用新的理解，讓自己從情緒中慢慢走出傷痛，一次一次愈來愈好。

Chapter 3

己所不欲勿施於人

「己所不欲，勿施於人。」孔老夫子講的話我們都有聽，也覺得自己身上流著善解人意、為人著想的血液，人性本善，不是嗎？自己不喜歡的，就不要強加在他人身上，我們將這美德一代又一代的傳承下去。

珍和小張已經交往一陣子了，她決定今晚待在小張的住所，於是兩人有了更進一步的親密關係，她心裡清楚這樣的結果，不然不會在那裡過夜。隔天晚上，珍打給小張，小張開心的講著電話，旁邊卻傳來女孩子的聲音。

「都已經快晚上十二點了，學妹還待在你那裡幹嘛呢？」

「呃……反正現在也晚了，學妹將在這借住一宿。」

「喔！」珍沒再多說什麼，不願多想的掛上了電話，整晚徹夜難眠。

小張至少沒說謊，天一亮立刻向珍坦承昨晚實在是精蟲衝腦，不知道自己到底在想什麼，他流下了男兒淚，取得了珍的諒解。事隔三天，學妹又去了小張的住處，小張還是主動開口要學妹留下來不要走，事情再一次發生了。

是珍太死心眼？還是小張生性風流，喜歡到處拈花惹草、處處留情？想到不久前才在小張的朋友聚會裡，開心的接受眾人的祝福，言猶在耳的愛情宣言，根本是鬧劇一場，心好痛，卻離不開。珍很無助惶恐，天堂到地獄只有一個星期的時間，實在諷刺。

「如果妳也這樣子對待我，我不會有任何怨言的。」

這是小張對珍說的，以己之道還之己身，聽起來很公平。同意對方用相同的方式，比照自己先前所做的錯事，照單全收，兩不相欠，原諒他人同時也救贖自己。

自己偷吃，所以大器的接受另一半也可以偷吃？用這種不知道是哪個門派的上層心法，將自己的行為合理化，真是很可怕的同理心謬論。

己所不欲勿施於人的解釋應該再更寬廣一些。不喜歡他人加諸在我們家人身上的，我們就不要去對待在別人的家人身上。

我問小張：「你有妹妹嗎？」

「有。」

「她有男朋友嗎？」

「有。」

「假設你妹妹的男朋友劈腿了，你妹妹傷心難過，食不下嚥，但最終也原諒他了，隔兩天他再度找其他女生回家上床過夜，你如何看待這個男生？一定是：他怎麼可以這樣子欺負你妹妹，根本是吃定你妹妹。不讓他斷手斷腳也肯定讓他魂飛魄散，他必須得到教訓，接受懲罰，就這樣子原諒他豈不是太便宜了他？」

你也在傷害別人的妹妹、別人的女兒，憑什麼你就值得被原諒？

每個人都會想要保護家人，沒有人希望家人受到傷害，只有發生在家人身上，才知道痛、才知道不舒服、才覺得是錯的，所以你不希望別人怎麼對待你的家人，你就別這樣對待別人的家人，這才是己所不欲勿施於人。

如果沒有這層體悟，談不上反省，學不會警惕，一再犯錯，直到現世報來臨。你怎麼對待別人的父母兄弟姊妹，遲早有那麼一天，你的父母兄弟姊妹就會遭遇相同的待遇，你信不信？

小張知道他傷害了珍，他從不為自己的過錯做任何辯解，只用行動來證明。在生活上，他做到讓珍完全信任，事發至今五年多了，小張的覺悟與改變，確實連我都豎起大拇指，說到做到不是一般人有辦法的。

一個女生抱怨著未進門的弟媳很誇張：「既不禮貌又沒家教，三不五時就忤逆我媽，想到媽媽受的委屈就難過，又氣弟弟沒用，還沒結婚就已經是妻奴，總得想些辦法來對付這個該死的弟媳，完全不把我這位大姑放在眼裡。」

我問了這位女生，「妳平常是怎麼命令妳老公的？不也是在忤逆別人的媽媽？妳結婚兩年多了，也沒叫過妳婆婆一聲媽啊？妳老公對妳的頤指氣使總是言聽計從，妳說的話他只能當聖旨接下，不得反抗。請問妳老公這樣算是妻奴嗎？妳不也是妳老公他姊姊的弟媳，所以妳的弟媳該死，妳卻可以這麼無視妳公婆全家人及妳老公的感受，驕傲的活著？」己所不欲勿施於人啊！

人生可以很精采豐盛，多微笑包容都是我們能力所及的。你對張三微笑，你的家人就會在職場上收到李四的一個大擁抱，為了家人，我們總可以再做更多。

多放一份心，善的能量最終會回到家人身上，他們平安你也開心，開心就是開運，自己及家人才是最大受益者。

Chapter 4
展翅想高飛，你得不怕寂寞

關於成功，絕對和個性脫離不了關係，個性的養成，除了先天條件的天賦智能，多數還是透過後天建立起來的，生活經歷、思維邏輯、知識層次以及專業範疇，才是個性養成的主因。

個性不同、價值觀當然不相同，行為模式那更不用說了。我們如果想要更快速的達到目標，距離自己想要的成功再近些，一定要靜心、高標準的檢視自己的所作所為，這慣性軌跡就是我們的成功軌跡。

第一階段：「模仿或服從」的真舒服階段

多數人第一時間看到或聽到關於成功的願景後，會自行解讀評估，最後決定要投入多少時間、金錢。首先你必須是一個熱愛學習、積極參與的人，才有機會看到、聽到更多，接著從模仿或服從開始。很多人沒有學習和參與的習慣，縱使機會來了，也會了解不夠全面，瞎子摸象，結果無法令人期待。

通常這個階段還沒結束就會有一堆人被淘汰，多數人以為投入熱情就已經在成功的浪頭上，其實差遠了。從成功的定義來看，這只是蹲馬步的階段，根本不算開始，所以當然沒有過程，那又何來的軌跡！

信誓旦旦跟人高談闊論的夢想原來只是說說，最後還是決定打消念頭，回到雖然擁擠但至少熟悉的人群中。那樣的環境真舒服，和朋友聚餐喝酒談心抱怨，還可以鼓勵彼此繼續朝新的夢想邁進。其實都已經不在成功的軌道上了卻全然不知，真諷刺。

人就是這樣，很容易相信一個籠統的描述，認定這些描述特別符合自己的狀況，即使這種描述十分空洞，但總能讓自己心裡暖暖的，於是心有戚戚焉的認為，這些描述真實的反映了自己的現況。

仔細觀察，在我們相互取暖的同時，彼此的對話描述裡，都刻意隱藏了大量放棄與違背承諾的事實，不戳破對方好像變成了潛規則，所以第一階段的人最多，最瞎、最聾。

第二階段：「同化」的好孤單階段

好不容易來到了這個階段，但因為自身的抗壓性不夠，受不了孤獨寂寞，無法抵抗外界的誘惑，不時就會回頭看看第一階段那些一直在對我招手的朋友們，或許他們也早已不在軌道上了，想到曾經聊得好開心的過去，就心酸了起來，幹嘛把自己搞得這麼辛苦。行百里路半九十，都已經半行半走超過一半路程的人，最後還是放棄了，重新回到第一階段。反正，他們的說法要不是環境所逼，不然就是淡泊名利，從此離開消失。能通過這一階段考驗的人所剩無幾，成功的道路上一點都不擁擠是有原因的，因為根本就沒人。

能在這一階段熬過的人，已經不再是表面的追求或逼迫自己去做出什麼改變，而是能夠自願的接受、認同他人的觀點與信念，開始認知反省自己的問題與不足，此時的自己已經和周圍的朋友不一樣了。

你開始慢慢看懂，什麼叫作具有勇氣的往前進，而不再只是訴說自己的悲情與委屈，你知道與其多說不如多做。於是身邊享樂取暖的朋友大量流失，你的朋友圈正在重新洗牌。關於朋友，你必須作出取捨，這是浴火鳳凰的階段，遠離人事物的誘惑最痛苦、最難熬也最糾結。

第二階段的過程是深刻的軌跡，紮紮實實，冷暖自知。

第三階段：「內化」的太幸福階段

一天改變一點點，不出多少時間，你早已脫胎換骨了。這個階段的你明白了很多事情，更發現自己是如此的渺小無知，接受了全新的自己，也產生了新的觀點、新的情感，彷彿打通了任督二脈似的。

實踐的過程中，你已將過去兩個階段的經歷，融合成為自己的哲學價值，而這價值早已為你的人生帶來意義。你開始懂了老天爺的慈悲，讓你成熟懂事，蛻變成功。

到了這個階段，財富會自動出現在你的眼前。

可能你我身邊就有第三階段的人，我們不知道他們是怎麼度過前兩階段的，只覺得這些人特別好運，老天爺很偏心，都把運氣給了他們。他人的成功故事，為我們帶來動力與憧憬，希望有一天也可以像他們一樣成功。可惜我們沒有看懂自己的慣性軌跡，我們的人生永遠都在第一、第二階段裡進進出出，什麼時候才可以停止這種永無止盡的沉淪？

人性，真的如此剛強難以改變嗎？

Chapter 5

時間，你真的浪費不起了

想像一下你有一個戶頭，銀行每天都可以幫你匯入八萬六千四百元，讓你隨意使用，不管你有沒有花完，這戶頭裡的錢一到晚上十二點就會歸零。隔天再自動幫你存入八萬六千四百元，週而復始。若真有這樣一個戶頭，我們肯定想盡辦法，充分利用每一元，怎麼做都行，就是不能浪費掉。

事實上，我們每個人確實有這麼一個戶頭，只是它存入的不是金錢，而是時間。每天，老天爺都幫我們存入了八萬六千四百秒，你有認真想過，被你提領出來的一分一秒，你都拿來做什麼事情呢？這是我在二十多年前就聽過的一個比喻，當時的我，年輕，以為了解時間的重要性，但還是不以為意，一轉眼，二十年過去了，太恐怖了。

時間，它是老天爺送給我們最公平的禮物，每個人的時間都應該要被拿來換取相對應的價值才對。無論你從事什麼職業，時間就是你最大的直接成本。

在我諮詢的案例中，人們最缺的不外乎是：金錢、愛情、健康、假期、家庭、學習、旅遊或更好的教育等等，所以他們都眼神堅定的說著：「只要我還有更多的時間，我就會……。」若繼續向他們發問，如何才能得到你所期待的，每個人的答案還是一樣：「我現在真的太忙了，我需要更多的時間！」

知名的管理大師杜拉克說過：「不能管理時間，便什麼也不能管理，若你不懂得掌控運用，就會一事無成。」

我前陣子翻閱到日本索尼公司創辦人盛田昭夫的自傳書，他在自序裡寫了一段話來勉勵自己，也說明了他將時間看得多麼的重要：「如果自己每天落後別人半步，一年後就是一百八十步，十年後就是十萬八千里。」

天啊，好恐怖，這句話當下確實有打到我，我驚覺到自己應該要好好的重新檢視時間管理才對。

時間一旦浪費掉，就無法追回，不能再重來。把握時間、追求效率，我們的人生才能井然有序，否則就會雜亂無章、疲於奔命。一個人之所以比其他人更加有成就，是因為他在同樣的時間做了與別人不一樣的事情，就是這麼簡單而已。在我看來，還是有許多人不知道自己的目標在哪裡，也沒有好好規畫如何更有效的運用時間，浪費時間就是浪費生命。

我有一個學生介紹了一位好朋友來找我，希望我好好跟這位頭痛人物聊聊。他在一家公司待了十年，每天都想著這件事情要做、那件事情也要即刻完成……，每天都有一大堆事情，跟他一起工作的同事，都備感壓力，精神緊繃。

我最後給他的結論是：「無病呻吟」。

我告訴他，你這十年來的生活一成不變，連續十年的晚上，都被你浪費掉了，真的好可惜，想變就得改！我建議他從生活方式改起，在工作之餘，也要找到自己的嗜好，想學什麼就去學，不要只是在那邊想，我聽了都煩，你連前往報名這個動作都還沒完成，就在那邊想說不知道會不會學不來、提不起勁。

想那麼多幹嘛？你真正的問題就是出一張嘴，藉口一堆，沒有執行力，浪費了這麼多年，心裡當然會恐慌啊！我喚起了他小時候喜歡拿筆畫畫的單純與熱情，我也建議他去學攝影，透過鏡頭欣賞風景，到處走走又可以兼顧旅遊。

五個月後他寫信來告訴我，先前要做到晚上七、八點的工作，現在竟然在六點前就可以處理完畢下班了。本以為自己的人生應該不會再有太大的改變了，沒想到現在的他卻覺得生活好充實。對於過去消耗掉的時間實在感到惋惜，所以現在更懂得珍惜時間。同事只要有拍照的問題，也都會來請教他。他隨信附上這幾個月跑了許多地方所拍攝的照片。我收到信是相當欣慰的，也特別有成就感。現實生活中，像他這樣的人太多了，每一個人都在浪費時間。

我在路上很容易就看到一群行屍走肉、沒有靈魂的動物，他們不懂得為自己的人生訂立目標。嘴巴說著明天會更好，但眼神就是空虛渙散，整個人半夢半醒、不清不楚，人不像人，鬼不像鬼，才會一下說人話、一下說鬼話，今天要這樣，明天要那樣，瘋瘋癲癲的。

時間如果沒有使用得當，讓它產生價值，那就是浪費。時間不同於其他資源，它沒有彈性，也找不到替代品，不能預支也無法保存。不管你從事什麼工作，學習任何事物，我們都能更有效運用它，將它轉換為更有效的價值，之後才能從容不迫的享受生活。

所以我們在清醒時就去認真做事，在眼睛無法對焦時就去運動，當你生氣沒辦法做出任何決定的時候就好好休息，一個人獨處的時候，你就好好思考並學習，時間會在你身上一點一滴刻畫出努力的痕跡，成為你現在的模樣。

Chapter 6

人在福中不知福

這一次去海外開課期間，認識了一位二十歲的小男生ＢＪ，我都可以當他爸了。他說自己年紀很大了，焦慮的問我，怎麼樣可以清楚知道自己的人生目標？他想要趕緊弄清楚，才不會用了一輩子的時間，發現走了冤枉路。

ＢＪ高䠷斯文，說他俊俏帥氣一點也不為過，是一個人見人愛的小男生！在第一印象分數極高的外表下，我告訴他，他給人是有距離感的，有一片透明的玻璃擋著，很難貼近。說不上來為什麼，我真的有心想幫他，但卻使不上力。回到台灣，下飛機那一剎那，我想到是什麼原因了：「刻意的早熟。」

有一次一群學生說好要招待我去用餐，我隨口問了站在我旁邊的ＢＪ，就一起去吧！他開心的看著我，眼神充滿了感謝與興奮，但卻「喔」的一聲，說了：「我再看看確認一下行嗎？」原來他必須回到家裡，照顧小他五歲，現在十五歲的弟弟。這位弟弟比較特殊，成長遲緩既自閉又過動，十五歲了還沒有辦法開口說話，刷牙上廁所穿衣服都需要人料理。媽媽為了這個小孩，在家全心照顧，爸爸努力工作賺錢養家，這就是ＢＪ希望自己快快長大的原因。

像ＢＪ這個年紀誰不想到處走走玩樂，但他連自己國家很多地方都還沒去過，我去過他們國家的地方都比他多。我理解身為一個長子想要為家裡分憂解勞、又想出遠門的矛盾心情。他誠摯邀請我們去他家坐坐，真心地想要介紹他的父母親與我們一群台灣來的朋友認識，行程滿檔的前提下，我還是答應了。

ＢＪ的弟弟看到我們一行人來作客，興奮的坐在我們旁邊，還主動跟我們握手拍照，這是從來沒有過的事情，所以他父母親從原本擔心會攻擊我們到慢慢放心。我告訴小孩的父母親，手就是他的嘴巴，你們瞧他揮舞得厲害，代表他急著想要表達些什麼，我們無須這麼悲觀，這孩子懂的，他更害怕被遺棄，有時候是我們讓他一直處在現在這個狀態。

我認識很多特殊教育的專家，也看過小朋友開始開口表達，或自行打理生活的案例。我們短暫談了二十多分鐘，ＢＪ的父母親眼睛亮了，嘴角笑了，關於管教小孩，他們有了更清楚的方向，不斷的握手道謝，而我能做的是給他們繼續走下去的勇氣。跟著同行的台灣夥伴們，看到原來與人對話就可以產生強大的力量，而我心裡頭則是暖暖的，很開心這半個小時的相聚。

回程途中，我跟車上所有人分享了一個故事，大家聽了更是感動落淚。有一次我去大陸參觀盲人學校附設的盲人按摩會所，因為學校制度的關係，這些盲人到了一個年紀之後就必須離開學校自力更生，無法繼續待在學校。幫我按摩的那位男生和BJ年紀差不多，十九歲，他緩慢牽引著我走到按摩床邊，還叫我要小心台階，別摔著了。我笑著說，是你要注意才對吧。

原本還算輕鬆的對話，聊到了兩個月後小男生就必須離開這裡，自行獨立生活了。他說面對黑暗，他不會恐懼，但是現在他好害怕，他不知道一個人接下來要去哪裡。我感受得到他的無助。他在小學二年級的時候，因為一場病讓眼睛慢慢看不清楚，父母親為了醫好他的雙眼，連房子都賣了。他遭受很多同學拳打腳踢，很多人會跑來戲弄他，在他身上不斷開玩笑。然而，他放學後總是微笑走進家門，不讓父母擔心。

那一天，他被同學半推半拉的帶去人多車多的熱鬧市區，他不知道這是哪裡，但他知道他站在路中央，同學們笑著跑開，放他一個人在那裡站著，等著看待會兒會有什麼好笑的事情發生。

周圍有很多嘈雜的人聲和喇叭聲，他一步也不敢跨出去，因為看不見，他連伸手的勇氣都沒有。大家想看到他大哭喊救命的那一刻，但他告訴自己就是不能哭，最後他被一顆大石頭擊到頭，他知道是同學躲在角落丟過來的。

醒來時，就輾轉送到盲人學校，一待就是十多年。從此他再也沒有父母親的消息，他想念他的父母親、想念小他四歲的妹妹，每當沒有接客人的時候，他就坐在門邊，希望父母親路過可以認出他來。他相信父母親到現在一定還在找他，而他就在這裡不曾離開過，但如今，這裡沒辦法待了，他怕他父母親找到這來沒看到他怎麼辦。

我給了這位年僅十九歲啜泣的小男生深深的擁抱，我告訴他：「你一定要相信我，你比我認識的每個人都還要堅強勇敢。你有一顆這麼善良寬容的心，我多麼幸運能夠在人海中遇見你，謝謝你讓我知道什麼叫作勇敢，你深深感動了我。我知道你一定害怕極了，你想念你的家人，你不敢走到外面，你太害怕這個世界再度遺棄你，但你真的很棒、很棒、很棒。」

一樣都是二十歲，現在的年輕人都在做些什麼呢？這小男生最後跟著我在街上晃一圈，他抓我抓得很緊，他害怕又被人丟棄在路邊。我買了杯飲料給他，他說如果被學校知道，他會被罵的，學校規定不可以花客人的錢。我說：「噓，這是我們的小祕密，不會有人知道的。」

小男生問我，可以摸摸我的臉嗎？他想記住我的樣子，謝謝我帶他出來，給他勇氣。他說這麼多年了，他還是沒有準備好面對外面的世界。我心裡好難受，更覺得慚愧，我要謝謝他，謝謝他讓我上了一課，我們都太不珍惜、不當一回事了。

就像BJ一樣，這些小孩子都很單純，但卻早熟得讓人心疼。每一個故事或每一個家庭，都讓我更加堅定想要幫助世人的心願。我想發揮我的影響力，就從我身邊的學生或者前來聽演講的朋友開始，我讓他們願意花時間來學習了解自己，然後一步一步為這個社會付出更多，這個社會真的需要我們，你也絕對給得起。

Chapter 7

問題都來自感受

游老師：

請你幫幫我，我很擔心我那念高中的兒子。我們夫妻倆平常都忙於工作，沒太多時間與他相處，但最近發現這小孩子好像不太對勁，他不僅抽菸喝酒，也讓他的老師相當頭疼，甚至和同學通宵打牌沒回家，這些舉動真的嚇壞我了。

昨晚，我打了個電話給我兒子，都晚上十一點多了還沒回家，他竟然說他根本不想回家，他一看到我和我老公就覺得很煩，很想逃離，說好羨慕那些沒有爸媽的孤兒。如果是這樣子的行為，我寧可他學習差點無所謂，但至少道德品行上能夠不要讓我們做父母的擔心，這樣以後怎麼辦！請問老師我應該怎麼做才好？

前兩天我以嘉賓的身分受邀在杭州參加了一場為期三天的心理論壇，我也上台發表了兩個小時的演說，散會之後，看到了一位媽媽在大廳門口，大庭廣眾的訓斥她的小孩，她罵小孩如果再被她發現抽菸的話，「就給我滾出這個家。」

這讓我想起在一年多前，寫信給我的那位媽媽。不知道這一對父母親與小孩之間的關係是否有改善了呢？這孩子現在也差不多要念大學了吧！

坊間有不少老師在開一系列教大家解決問題、提供策略、賺取財富的課程，琳瑯滿目。若追蹤這些上完課的學生，就會發現問題還是無法解決，策略依然無法進行，更別提是否賺取到財富了，多數都還卡在人與人之間的關係，而關係的癥結點就在於感受。

身為一位母親，小孩出了狀況，肯定是焦慮不知所措。人同此心，心同此理，但在我看來，這兩位母親都落入了一般人最常使用的模式，只想解決問題，卻沒關注背後真正的原因，她們從來不聽小孩說。因此問題沒被解決，甚至還製造出更多的問題。

青春期對我們的人生影響甚大，那段期間小孩會和父母親有比較多的分歧，我們把這些改變定義為叛逆，於是小孩怎麼說、怎麼做，我們都認定是叛逆行為，父母親面對這樣的叛逆行為，變成了權力狂，想要用權威的方式來鎮壓自己的小孩，結果衝突不減反升。

這些被我們定義為叛逆的小孩，或許只是在爭取更多的喘息空間。我們自以為了解他們，不自覺的對孩子發號施令；就算我們做父母的真的什麼都沒說，但內心對小孩的期望，早已投射在他們的心靈深處，認為孩子務必照我們所想的路線發展，才是唯一的正道。如果我們懂得尊重孩子的樣貌與存在是獨一無二的，學會傾聽與感受，叛逆的行為就會大大減少，而不是只會向父母說「不」的頭痛小孩。

叛逆衍生出來的報復行為中，最典型常見的就是抽菸、喝酒、蹺課，做父母的不要急著去責罵孩子，強迫孩子立即改變，那樣反而會激發孩子更變本加厲的叛逆，他們不回應、不說話，就是一種很典型的回應方式。在小孩眼中，父母親就是不了解我，我能對父母親說什麼呢？每次說什麼都被罵，都被否定，不如不說！孩子只會感受到孤單、寂寞、不認同，為什麼連親人都不能理解我呢？

孩子清楚表達了：父母親整天嘮叨、掌控，他沒有自己的空間，煩透了。這就是他的感受，這就是他的求救訊號，可是沒人在意他，既然他發難多次都得不到正面回應，只好語出驚人說自己若是個孤兒多好。會這麼抗議的說，只是想讓父母知道，嘮叨讓他多麼的難受，真的很想擺脫。

結果父母親不去考慮兒子的感受，還把他當成品性不良的學生，兒子收到的全是你們對他的批判與失望，他只能走向叛逆，剛剛好。

不只是親子關係，現在這個社會，大家都陷在關係裡出不來，每個人的人際關係都出現焦慮感。很多時候，某些人只是很單純的想找個人說說話，我們能做的，就是理解、認同他們就好。

朋友若真的太過熱心，憂人之患，好為人師，開始連珠砲似的向對方提出一系列的建議，猛下指導棋；對方若沒照做，就一臉委屈，覺得對方不通情理。不管這些建議多麼為對方著想，我們不但沒有理解對方的感受，還讓對方感到壓力、害怕，最後離我們而去。

感受大於一切，問題想被順利快速的解決，重要的是感受，而不是問題本身，問題永遠都是被人的感受操作出來的。

Chapter 8

抱怨，讓你看不到成長的機會

我在朋友房間書櫃上，翻到了英國前首相邱吉爾的自傳，隨手一翻，我不是很確定我的翻譯是否正確，大概的意思是：「人們總是會在無意中領悟到一些道理，但多數人當下的反應是愣了一下，然後立即站起身來，繼續趕路，彷彿什麼事情也沒有發生。」

我沒有再往下看下去，一方面是因為全部都是英文，我實在看得吃力，二方面是，這一段話當下就啟發觸動了我一些想法。

「否認」。

我們常常會不自覺的否認自己頭腦裡靈光一閃的想法，它可能是一個真理或者價值，甚至能改變我們的生命，但我們忽略它了。

一段勵志的故事，一篇感人肺腑的文章，或是一首心有戚戚焉的歌曲，呈現出來的寓意是一件多麼大的禮物，收不到的人只能說可惜，緣分未到。

我們善於否認，明明有個千真萬確的東西就在內心裡呼喊著，它讓我們感動著，但最後又回到心智頭腦。

為了證明自己是有想法、有高度的人，便開始找他人的錯、否定他人，讓自己全身是刺、斷章取義、見縫插針，扭曲並重新建立自己的價值觀。我們都贏在嘴上功夫了得，卻養成了一身不討喜的特質。

我有一個好朋友，琴彈得很好，我每次聽著他的音樂，生活中很多解不開的疑慮，好像都被這些音符抹平了。這些音符實在是太往心裡去了，總讓我有好多感觸，我謝謝他造福人類，讓每個人可以免費聽到這麼多感動的音樂。有天他告訴我，說他氣到不想再把他的作品放在網路上了，他花了好多心思架構、重新編曲，最後看到的留言都讓他很受傷。

「這也沒什麼了不起，不過就是把流行歌曲彈出來罷了……」、「了無新意，騙騙人可以……」、「毫無技巧可言，難怪只敢露背影，我認識一個朋友隨便彈都比他強……」

我真的很想知道這些留言的人，心裡積壓了多少的憤怒或委屈，他們的目的是什麼？想要證明什麼？

我也曾有過一樣的感受。當我放下手邊所有的工作，一心一意認真熬夜寫出一篇又一篇的文章，希望有人會因為這些文章受益，那就是我最大的成就與滿足。但你就會看到文章下面，同樣會有人這麼留言：「廢文一篇」、「我都快餓死了，還談什麼投資頭腦……」、「談感恩？你被老闆壓榨看看，為什麼要感謝他，根本是胡扯一堆！」諸如此類的，所以我完全懂他的心情。

當我告訴他我的經歷後，我倆相視開懷大笑，惺惺相惜，一笑置之。抱怨的人何其多，為什麼要被這些人影響我們的心情呢？我們不都讓自己走到這裡了，而他們還在繼續抱怨，我想這就是差別。

我們把肆無忌憚、口無遮攔當成仗義執言，卻不覺得自己哪裡有問題；我們嘴上有愛，但身邊的人卻苦不堪言；我們不滿薪水太低，比廉價勞工不如，卻沒幾個人願意離職來證明自己確實相當有行情。承認過錯或同意他人，會讓自己覺得沒有價值，所以我們會用否認，來讓自己有存在感，抱怨只為了掩飾我們一直在否認的事實。

否認逃避成了我們拒絕痛苦、面對現實的心理狀態。就是不想面對，所以這麼顯而易見，我們卻視而不見。想的、說的、做的無法連成一線，每個人都分裂得很誇張。

真理，它就在那裡，我們就是默不作聲，以為躲起來不理它，它就會像鄰居在門口敲敲門一樣，認為我們不在家就會離開。否認確實比面對容易太多，多數人往往用這種方式，來處理不愉快或具有挑戰性的現實。

哈，我們真是錯看老天爺了。它總是有耐性的不斷敲門，直到你再也無法忽略它、直到我們收到訊息，我們才會明白自己錯了。我們驕傲、嫌棄他人，所以認為無須改變；我們聰明又懶惰，所以才會至今一直原地踏步；我們心胸狹隘，所以疑神疑鬼甚至關閉心房。

否認只會降低我們的能力，破壞了我們清晰的思緒與創造力，摧毀我們活在當下的自在喜悅。我們以為已經避開了痛苦，沒想到否認讓焦慮、迷惘與不快樂加速來臨。

每個事件都有它的道理，不要那麼憤世嫉俗，這樣的生活太有壓力。明明所有的人事都有讓你學習的地方，只有抱怨的人，才會錯失一次又一次讓自己成長的機會。懂得感恩，學會反省，修正自己的脾氣，與其否認，不如面對與接受，我們才會開始喜歡自己的模樣。

Chapter 9

你就是自己的貴人

「如何求貴人」是我很常被問到的一個問題，到底貴人在哪裡？覺得自身條件不會比其他人差，為何好運都不曾落在我身上？難不成其他人真的是狗屎運？

台灣一間知名連鎖飯店老闆約我到他的飯店，拿了張照片請我幫忙看看這個人的狀態如何，他想聽聽我的意見，希望我幫他分析這個人的人生使用手冊，是否可以讓他管理其中一家飯店？或者全都給他經營管理也行。

沒多久，一個戴著鴨舌帽的人走了過來，客客氣氣的說著：「這位老闆，謝謝你的心意，我怎麼好意思讓你請這頓飯呢？你這錢都已經給我了，我車還停在外面，今天都還沒載到半個客人呢，沒事的話我就先離開了！」

原來照片上這個人是一位計程車司機，擔心自己的車停在飯店門口可能會造成飯店的困擾或被拖走，所以焦急的跟這位老闆做個說明，看得出來他說完就要立刻離開。

老闆示意這男子坐下好好吃頓飯，「別擔心你的車，我會叫人把它停好。你跑一天是多少錢，我直接付你一天的錢！……」我在一旁被弄糊塗了，這位計程車司機就是老闆說要請來管理飯店的人？是嗎？所以這一位計程車司機並不知道今天是要來面試的？他不知道他的生命即將麻雀變鳳凰了。到底是這位司機搞不清楚還是我在狀況外？他口中的這位老闆在台灣可是相當知名的，擁有十多間連鎖大型飯店的集團總裁，難道他沒認出來嗎？

三個多月前，這位老闆趕著去機場，一上車就表明身上沒帶錢，可否請司機載他去機場，他趕時間，然後請司機去這位老闆指定的地點收錢，這位老闆願意付雙費的車資，他會跟他秘書交代好這件事情。

這位司機面露微笑的說著：「這裡到機場大概要一個小時左右，我還是趕緊載你去機場吧，你不是趕時間嗎？錢的事情我再處理就好了，況且這個時間應該不會有司機願意載你去機場，還是趕快讓你搭上飛機吧！是出國工作嗎？……」

是的，這位老闆招了三台計程車，但前面三台的司機都不願意載這位沒有帶錢的乘客。捫心自問，如果我們就是這位司機，每個月都被經濟壓得喘不過氣來，房貸、車貸、小孩們的學費、全家人的生活費，都還不知道要從那裡來，如果知道乘客沒帶錢，往返的時間及油錢，我們真能和這位司機有一樣的作為嗎？

男子不知道老闆為什麼要請他來集團工作，給出的待遇更是他開車收入的幾乎十倍！男子盛情難卻，自知學經歷都不足，更謝謝老闆竟然願意給他這位粗人一個機會。四年的時間過去了，我再一次看到這位男子的時候，原本鬍渣不修邊幅的第一印象變成了西裝筆挺、略帶自信的新好男人，也正式接管了其中一間飯店的營運，還參與了全亞洲最佳經理人的選拔，今年更被老闆直接指派去上海考察，參與老闆最大規模的BOT投資案，他的人生真的不一樣了！

他依然謙虛客氣，謝謝老天爺給他這麼棒的機會，當然珍惜，這是多少人求之不得的，對於老闆及公司的栽培，除了感恩還是感恩。我跟他說你還要感謝三個人，就是當年拒載你老闆，把你老闆趕下車的那三位司機，當然，最重要的是要感謝你自己，因為你就是自己的貴人，過去的你幫了現在的你。

他幸運嗎？當然幸運！沒有學歷、沒有經歷，就是個計程車司機，憑什麼人生可以就這樣逆轉勝了？為什麼他可以這麼有貴人運？我們一直都有這些可以讓我們人生扭轉的機會，只是當機會來的時候，我們的處理方式恰巧和他不一樣。

一群人在走廊等候面試，其中一人隨手彎腰將垃圾撿起來丟進垃圾桶，剛好被面試官看見了，最後他獲得了很好的工作機會。養成良好的習慣，貴人就會出現。

當你在羨慕他人比你更加幸運的同時，不妨好好思考你和他之間的不同點在哪裡！幸運之神再一次降臨的時候，我們還是會請祂下車，屢試不爽！

Chapter 10

你現在的全部總和都是自己選擇來的

昨天一位我不認識的讀者寫了一則訊息給我：「老師你好，我覺得我溝通能力很差，我想要像你一樣很會說話又幽默，我要向你學習。」他告訴我只要是我對外公開的演講他都會出現，已經追蹤我的臉書一年多了。為什麼到現在才開始找我對話呢？「我剛剛讀了一本書，書上要我對身邊某個領域非常成功的人，想辦法告訴他，讓對方知道我有多崇拜他。我就想到你了……。」

我肯定他這樣的舉動，也謝謝他提醒了我，原來為自己多做些什麼只需要一個簡單的動作而已。我認識很多朋友，他們總能夠在各自的領域中，有最傑出的表現，且永遠保持一定的水準。

你也有夢想嗎？我們不要害怕作夢，生命在每一個階段都有能力去支撐我們完成夢想，可惜隨著時間的消逝，這個社會說服我們所有人，讓我們相信哪有夢想這件事，他人的想法到最後還是超越了自己的夢想。

最後，我們只能看著這些當初說好一起，如今卻站在巔峰的朋友，心裡面羨慕著他們，他們就像天生的贏家，王者之尊。他們與我們其他人之間到底差別在哪裡？

「選擇」。

沒錯，成為贏家跟天賦沒有太大的直接關聯，一切都在於選擇。選擇，讓每個人都有機會，包括你我。

我所有的主張前提不僅是個人的本質，我更在意加工過程。多數人根本不了解自己的本質，但他們嘴上說著對自己相當了解，何必再多花時間學習，這我也不再提了，但總不能該你自己加工的部分也自動省略吧！

什麼都不去做、什麼都不去實踐，可想而知到了某個時間點，會是一個多麼可怕的人生。除非你願意敞開心房，坦誠自己的狀況實在很糟糕，日子過得很不好，需要協助，否則我幫不了你，只能祝福你。

每一個人都可以告訴你，讓生活過得更好的方法，一個比一個會說，但他們自己就是做不到。這些人涕淚俱下地跑來我這，說著他的命好苦，什麼時候才可以擺脫這個厄運。我實在啼笑皆非，心裡想的是活該，關我屁事！類似的劇情我真的聽了上萬次，請問你講了這麼多是希望我同情你的處境？還是尊重你的選擇？找我沒用啊！

從現在起，改變一下你的生活習慣吧！你會怎麼重新選擇？睡到自然醒還是馬上起床？去夜店還是去書店？望著窗外期待放假還是集中精神聚焦工作？順其自然還是全力以赴？試著表達建立溝通，還是沉默不語多說無益？投資頸部以下多還是投資頸部以上多？開心面對還是憤怒悲傷？不同的選擇造就不同的人生。

有些人就是比其他人更能做出正確的選擇，這是不爭的事實，就以結交朋友來說，你看看你身邊最親近的朋友是哪些，他們都在做些什麼，他們身上的習氣就是你身上的習氣，他們想幹嘛其實你也會想幹嘛，這就是磁場，同氣相求。

從學生時代至今，朋友對我的影響很大，如何選擇良師益友，我也是到這個年紀才慢慢看懂一些。所有的朋友全是你允許讓他們進入你的生活的，然後你們彼此有了密不可分的互動關係。但，你可能不知道，朋友是如何造就成為現在的你？這也是最常被忽略的。「永遠不要低估別人對你的生命造成的影響力。」一周遭的朋友對我們的影響太大了，但我們卻不明白他們是怎麼影響我們，就好像你是怎麼影響著你的朋友們。

會成為朋友，尤其是好朋友，這一群好友會聚在一起，肯定是因為有共同的興趣或喜好，例如美食、感官刺激、追逐名利、性、旅遊、美學、分享生活等，多數人認為某些朋友的影響力不會在自己身上起作用，你會說「沒關係的，我身邊周遭全都是這一些人，他們影響不了我的。」—錯了，真的錯了，任何事情都有影響，你一定要記住。直到有一天，十年，或許不用這麼久，才一兩年，你已經跟這些朋友一個樣了。

友誼萬歲，但慎選朋友太重要了，這過程溫和、平靜、歡樂到你根本來不及反應，朋友的言行舉止已經滲透到你的想法，成為你的價值思維，你不自覺的接收或妥協，也改變了自己的生活。

你如果頭腦夠清楚，一定看得出來哪些人比你優秀，我們應該想盡辦法向他請益，學習他頭腦裡的東西。如果可以成為朋友，那是最棒的，有一天你也能夠和對方一樣擁有視野、高度與格局。修正習氣，改變磁場，你可以有選擇的。

我這幾年慢慢感受到自己的生命有著前所未有、乾淨利落的暢快感，就像重生似的，全身的細胞將我重新組織架構，讓我變得勇敢而堅強，那是一股內在的力量，這股力量是外在世界無法給予滿足的。原來真的有這麼多人在羨慕著我的生活，我想這都要感謝我當下每一個選擇！

你為你當下每一個選擇感到自豪嗎？你現在全部的總和都是自己選擇來的。

Chapter 11

停止抱怨的人生

「與其抱怨，不如負起責任拿起來做吧。」

負責，就是一種工作態度，它是每一個人經過社會現實打磨出來的積極心態，適者生存。我在某一年，對外公開承諾辦了一個千益諮詢活動，也就是提供一千個名額與我單獨一對一面談的公益諮詢，依照我每天接客的人數來計算，大概要一整年才有辦法消化完這些人。這是我回餽社會的方式，踴躍的報名人數，出乎我意料之外。千益諮詢讓我再一次大量的近距離接觸人群，感受每個人的喜怒哀樂。

多數人對人生依然有某種程度的迷惘，一個人就是一個故事，其中有不少人向我控訴命運的不公平。常把這些抱怨掛在嘴邊的人，我的總結不外乎：一定要學會重新去定義每一個事件，用實際行動來證明自己的實力，停止抱怨的人生，你的生活才會轉變。

上星期去了一家企業演講，提早到了，他們就招呼我先在櫃台旁稍坐一會兒，等會議結束就會有人來帶領我！櫃台小姐忙著講電話，我覺得她壓根沒注意到我就坐在她旁邊。

「哎啊，你們到底是誰用了抹布，也不洗乾淨，就丟在茶水間……，昨天更誇張，也不知道是誰用了影印機，整個設定的參數全跑掉了，我今天一早來上班就一直在打電話叫人來維修，超不爽的……。」、「每天累得死去活來，到底是為了什麼？還有人覺得我在打混摸魚，對我不滿意。我都不知道是不是要繼續待下去，這間公司除了我以外，我看誰有辦法來做那麼多事啊？」

此時快遞送來了東西，她頭都沒抬，動作利落毫無表情，看也沒看的簽收完畢。內線掛掉後，立刻拿起手機，應該是撥給她的好朋友，只聽到她真的好委屈：「全公司都沒有人替我著想，大家都好自私，沒有人站在我的立場想，我真的覺得我做得好累好辛苦！我看其他人好像都沒事幹的樣子，要不是現在工作真的很難找，我早就不幹了，幹嘛為了這一些臭錢，讓自己受這麼多委屈……。」

當抱怨成為一種可怕的習慣時，它的力量是巨大無比的，幾乎可以摧毀一個人的前程。當然，在此之前，它會先摧毀你的人際關係。沒有人喜歡和一個滿腹牢騷的人相處，大家只會聯想到你缺乏能力，無法解決問題，喜歡推卸責任，將一切不順利歸於種種不可抗力的客觀因素。若你的上司見你整天抱怨，要如何託付重任呢？抱怨愈多，最後就會愈像個失敗者。

消極情緒的人通常會抱怨公司給的待遇不好、抱怨升遷的機會一直輪不到他、抱怨主管非人性的嚴厲管理、抱怨同事們一個個見死不救冷酷無情、抱怨工作任務太重困難太大。我只不過是出來工作，需要這樣逼死人嗎？習慣抱怨的人，他們把工作當作一件苦差事，理直氣壯地認為用自己的時間來索取交換，本該如此，缺少了份責任心。

受到上司的輕視或者怠慢，的確是件令人喪氣的事情，何不試著冷靜的自我審視、自我剖析，你會有意想不到的收穫。一旦下定決心，努力勤奮，適當的包容身邊的人，肯定有人會對你刮目相看的！與其抱怨被人看不起，不如重新看看自己，將所有的考驗視為提高能力的機會，不要覺得什麼都是吃虧、被人占便宜！

「完成任務」是為老闆工作，「精益求精」則是為自己及未來工作，這也是做為一個職場中人逐漸成熟蛻變的標誌。

從完成任務到精益求精，就是磨練我們工作態度的修練過程，你的價值也將在這過程中逐漸養成並被看見。

自己的狀態都不對，有什麼好抱怨的？

抱怨，是人生的毒蘋果，它就像魔咒，徹底瓦解了你所有正面積極的能量，最後勢必影響你的個人成長與事業發展，只會讓你離目標愈來愈遠。思想創造實相，性格決定命運，行為產生力量，類似這樣的話，你大概都能講上好幾句了。但是能在環境中隨時調整心態，保持積極向上的工作態度，樂觀面對所有考驗的人，才有資格談論下一步的人生，而不是一點點小問題，就抱怨個沒完。抱怨，對我來說是個相當高分貝的噪音，真的好刺耳！

說不如做。真正具有影響力的人不會去抱怨，只會用行動、用實幹來表明自己的態度和價值。停止抱怨的人生，不僅是一種平和心態，更讓人看到你的非凡氣度。為什麼有些人就是心寬量大氣質高，隨便一開口，就讓人覺得與眾不同，你的抱怨愈少，就會讓你更顯魅力。

Chapter 12

為自己的人生負起全責

我在一場上海的演講結束後，有個學生半夜傳了訊息給我，表示他有一位朋友特地從南京趕過來聽演講，聽完演講之後，內心有許多的震撼，得到許多啟發，希望我的學生能夠幫個忙，約我出來與他碰面解惑。

我問了我的學生怎麼回事呢？

「是這個樣子的，我這個朋友他剛剛打電話給我，問說能不能和老師您私底下聊一下？接著他噼哩啪啦地說了一大堆，他說他壓力過了頭，得了憂鬱症。前幾個禮拜我看他已經語無倫次，一直重複說著同樣的話，整個人恍神得誇張，看了心理醫生好幾回了，我有點擔心他，才會請他來聽老師您的演講。」學生接著說：「他跟我說了很多事情，但我也幫不上什麼忙，就怕給錯了意見，說錯話那可罪過了。老師您經驗多，看了那麼多人，一定可以很快抓到重點，幫他找出問題。

他說如果可以請老師幫他看看問題到底是出在哪，那他的憂鬱症肯定會更快復原！」

「他幾歲了？做什麼的？」

「三十八歲。他覺得他太逼自己了，在一家連鎖藥妝店當店長，為了達到整家店的業績目標，弄得整個身心疲憊……；另一個問題是，他提到他的家人，工作及家人是他主要的兩個壓力來源。心理醫生告訴他要多休息，不然憂鬱症只會愈來愈嚴重，醫生開給他一些藥，說是控制穩定情緒用的。他頭腦裡常常有一些很怪異的想法，有時候會在房間裡大吼大叫，然後莫名的啜泣，哭到不成人樣。他好愛他的家人，他為他爸媽做了很多的事情，但爸媽總是不能理解他，所以一直有爭吵與糾紛。」

「好的，我大概了解了。從你的文字裡面，我看到的是一個早已知道自己問題在哪的人，他想要尋求解脫，讓內心不要這麼痛苦。」

「早已知道自己問題在哪裡？不是很清楚耶！他對於困擾他一段時間的憂鬱症相當無助，我也不知道該怎麼協助他才好！」

「你仔細去看你剛才打給我的那一段文字，多念幾次有沒有看出什麼端倪？其實你和他都一樣，都把憂鬱症的問題點給說出來了啊。問題就出現在那裡，他不都清楚地說給你聽了，你和他一樣沒看出來！」

「老師，我還是不明白您的意思耶。」

「他憂鬱症一段時間，卻不知道該怎麼辦才好，看了醫師也吃了藥，但還是不見好轉，所以到處找祕方，可他卻沒注意到，真正可以讓他病情好轉的解藥就在他自己闡述的字裡行間。⋯⋯他覺得他太逼自己了，為了要達到業績目標，整個身心疲憊，⋯⋯他為他爸媽做了很多的事情，但爸媽總是不能理解他，所以一直有爭吵與糾紛。」我直指關鍵，「看到沒，這就是造成他憂鬱症的問題，他不是自己都講出來了嗎？他都已經知道問題在哪了，我的作用其實不大，他只是想要找個人聊聊，聽聽他的問題，感受他的難處，同理他的處境，他只是在尋求認同。他以為自己生病了，其實根本沒病，卻一直往憂鬱症的方向去了，你明白我的意思嗎？」

「老師，您的意思是一個都知道自己問題在哪的人，卻沒看懂這就是最大的問題，是這個意思嗎？」

「是的。他確實遇到了一些問題，可多數人和他一樣，長時間沒有去正視問題並解決它，最後因為內心世界的不平靜，於是創造出憂鬱症，讓自己的言行舉止都合理化了。但問題依然沒有解決，他們開始抱怨問題、逃避問題，但問題根本不在憂鬱症本身！一個已經知道問題在哪裡的人，跑來請我去幫他找出他的問題在哪裡，這邏輯對嗎？他自己已經把問題講出來了，結果我還花時間與他對話，試圖找出他的問題在哪裡？現在是他有病還是我有病？」

「我懂了，了解老師的意思了！可是老師，如果說一個人知道問題，但不知道怎麼去解決的話呢？」

「知道問題在哪，怎麼可能會不知道怎麼去解決。人原本就有希望自己表現優異的本質，一旦知道問題在哪裡，自然會想盡辦法解決它，重點是不想去解決！這就是無病呻吟的多數人，明明都知道，但就喜歡到處找人訴苦，那都不是解決問題應該有的態度，這樣還是在逃避問題啊。你現在開始仔細聆聽這些人所說的話，就可以發現，整個對話結構充滿著矛盾與衝突。」

「真的耶！我仔細回想之前跟一些朋友的對話，原來談的全都是問題與答案了，我當下沒有反應出來，還跟他們聊這麼久，一心只想著如何幫這些人把問題找出來。這些人早就把問題與答案給說出來了，我卻陷入他們好可憐，為什麼這麼悲慘的情境中。」

我跟學生再度強調兩大永恆定律：

1. 合理的問題背後都有解決方法；
2. 暫時性的挫敗或某一種形式的反對力量，都會為你帶來同等甚至遠大於的益處。

「這兩大定律告訴我們，不要害怕事情的發生，要勇敢面對問題。現階段要是沒能力處理這些問題，那就只能放著。自己的功課自己完成，等你變成熟、變強壯了，自然能再次面對這些問題。最怕的就是一堆人鑽進問題本身讓自己痛苦，卻也沒看到有哪個人真的在想辦法解決，一段時間之後，自己已經變成最大的問題，最後昭告天下，我現在狀態不太好，我得憂鬱症了，請好好對待我，不要指責我、不行數落我。」

「對啊，我一聽到他得憂鬱症的時候，不自覺就跟著焦慮緊張起來，不知道他的憂鬱症什麼時候才會好？」

「現代的人冷漠、不願思考，老喜歡隨波逐流，沒有獨立思考的頭腦，不擅於思辨，邏輯不清不楚，喜歡讀一堆歪書、老愛說一些歪理，整個人都歪了，這些人對於自我認知這一部分完全無知無覺，早已被魔鬼掌控了。於是，發洩成了當事人讓自己好過一些的方法，他只想聽聽別人怎麼說，久而久之，根本沒人急著解決問題了。」

我最後跟學生說：「所以重點不在憂鬱症本身！既然知道問題，就去解決問題，就如他所說的把自己逼太緊了，那就不要給自己這麼大的壓力；知道與父母之間的溝通有問題，一心期待被理解被同理，那就更應該好好平心靜氣的溝通，讓雙方感受到彼此的存在，好好的把話給說清楚，爭吵解決不了問題。這都是他自己可以調整、做得到的事情，但他整天想著憂鬱症怎麼辦，卻對實質的問題毫無作為。每次只要看到他三更半夜又來傳訊息，確實挺有壓力的。」

一個人學不會游泳，請問跟泳池有什麼關係，你在泳池裡永遠找不到問題，他就是不曾下水過啊！答案就在問題本身上面。

所有的問題其實都再清楚不過了，以為不處理，痛苦就會少一些，結果只會讓自己更痛苦。

你身邊有人也很喜歡抱怨嗎？在抱怨的過程中，很多內容是鬼打牆、沒營養、沒意義的。最常出現的情況就是我們常搞不清楚狀況，也跟著一起攪和下去，實在是浪費時間，更浪費生命，一堆人都在無病呻吟。

工作不滿意、感情不幸福、生活不如意、人際關係也出現狀況……，若真的如你所說的這麼糟，那就去面對新的挑戰、離開你嘴裡所說的悲慘世界，抑或是開創新的可能性啊！

你早就可以開始，只是你不要而已。

之所以會引發許多緊張或焦慮的情緒，是因為我們在精神上，總想逃離或逃避某件已經決定要做的事情，我們就是不想為自己的人生負起責任！

☑ 面對真實的自己

Part 5

發現生命的喜悅

Chapter 1

生命從感恩開始

我看著每個人都那麼努力想為自己做出一些改變，包括身體上的、情緒上的或者精神上的，但為何始終無法達到想要的那個更好的自己。

為什麼這些努力會徒勞無功呢？

就我的理解，最主要失敗的原因，跟你對於生活上的信念有很大的關係，為什麼你的人生會如此？其中包含了缺乏意志力、沒有時間、勇氣不夠，缺乏想像力、冷漠、不愛學習等等。

有時候生命中的小小事物就會讓我覺得別具意義，突然間，你會用跟過去不同的角度，重新看見、感受生命。

二○○九年我正在為了自己的未來與前途打拚著，一路來到了秦嶺以北、長城以南、太行山以西的黃土高原，我站在遼闊一望無際的黃土上，自然曠野的景象盡收眼底，陽光也格外的舒服溫暖。

當下，我想起了我的母親，只要我人在台灣，每天最期待的，就是晚上回家吃到母親為家人準備整桌的愛心。我體認到縱使美景當前，仍然抵不過回家的那一段路。

經歷會淬煉一個人的內心，使他更為堅強而有力量。很感恩曾經有過那麼一段飄泊的日子，讓我得以覺醒，我才能成為現在相較之下更好的模樣！

覺醒需要一些經歷與時間，在通往祥和的世界，是需要透過我們的父母、兒女、手足、親友和鄰人等一起來達成的。如果你此刻是不平靜的，傷痛依然在你的內心深處，你與許多關係是對立的，這都不影響讓自己做到慈悲，如此才能把感恩的訊息傳達給他們。

學會慈悲，就能學會寬恕。寬恕會轉化我們的靈魂，開啟我們走向生命的旅程。

我們都要記住在生命中給予我們恩惠的每一個人。

那些在深夜陪你聊天、那些默默陪在你身邊、那些生病時在你左右、那些幫你加油打氣、那些當你難過受委屈時給你力量、那些在你就要滅頂時給你能量讓你站穩雙腳的人。

正是因為這些人的陪伴，你帶著所有的人祝福，變成了現在的你。

我們往往過份強調自己所遭遇的痛苦和不幸的經驗，卻忽略了我們所得到的幫助，和他人對我們的關懷。

我們經常耿耿於懷沒有得到的事物，卻忽略了我們已經擁有的一切，這讓我們感覺生活在匱乏之中。

當我們將焦點放在自己所缺乏的事物時，身上的能量場就會不斷幫我們吸引更多的匱乏情況。而當我們將焦點放在我們所獲得的一切時，我們的心就會充滿感恩，我們就會吸引更多如你所想望的事情。

愛不是依賴，愛不是占有，愛不是控制某人，愛不是利用某人，愛不是嘴巴說說……

愛不是一切你所認為的那樣，我沒有辦法這麼清楚深刻的把愛用文字形容出來，但我相信你絕對可以在你的生活中經驗愛。

人通常不喜歡被改變，但願意被感動，我們用盡了一身的力氣去改變他人，也期待能改變自己，但效果有限又不持久，令人挫折。

讓自己內心不斷持續產生感動的情緒，當「感動」有了慣性，無須改變，很多事情就「自然發生」了！

老天爺是讓我臣服的老師！祂總是教會我許多事！祂就是有辦法讓每個人明白自己是如此的醜陋、殘酷、自私。每一個人到人生最後一口氣時，才會為自己一生的行為感到羞愧遺憾，卻沒有時間去彌補了！

為了成功、為了地盤，有多少人選擇用傷害周遭人的方式來解決，以求得一時的安穩。這種算計、權謀、挑撥的手段，只會讓自己內心更加不堪，這是一種崩壞毀滅的徵兆與警訊。

這類人是極度自卑的，早已被心智頭腦掌控，也有更多人為了自身的利益，低頭向這類人妥協，失去了自我，人在江湖，身不由己。妥協有什麼不好，這讓你慢慢有了自信、你的眼神變得銳利、你不再受人欺負、你不用再受盡委屈，你開始予取予求得如此自然，你已經成了魔鬼代言人！

訊息多了，思考就少了。我們可以有夢想，但更需要邏輯！多數人沒有邏輯思考，所以只能一直作夢，跟著鬼吼鬼叫。你追逐的還是心智頭腦定義出來的成功，這就是名師或整個環境帶給你的成功定義，所以很多人還是不開心，內心那一塊始終沒人去處理它。為什麼不去處理？我之前說過了，沒有的東西自然給不出來。

不論如何，生活為你完成了許多任務，它成全了你，請你務必心懷感激！縱使你現在遇到了一些磨難，何須抱怨，更不用萌生退意，這是在幫助你磨練的好時機。

老天爺說來慈悲，順著所有人所思、所言、所行讓事件一一發生，這就是你想要的結果，不是嗎？但你為何還是痛苦不堪？

單純，感恩，祝福，生命從這裡開始。

在我還是上班族的時候，有一位女同事突然就在座位上嚎啕大哭了起來，一群好姊妹們在她旁邊此起彼落的勸說：「這是什麼爛人啊」、「他真的太不懂得珍惜妳了」、「離開他吧，這種偷吃的男人不要也罷」、「真的很不要臉耶……」，我猜得到應該是她男朋友劈腿了。

她天天以淚洗面，這麼多年的感情怎能說放就放，她太愛他了，她不能沒有他，不然真的活不下去了。

之後這女同事每天上班的無精打采，她失去了笑容，也不再與人有太多的交談。有一次她在上班的時候，一個人走到頂樓爬上圍牆，一堆人趕緊衝上頂樓，把她抱了下來。她哭著說，她只是想要好好吹吹風，看看台北的風景，又說她真的好想離開，有誰能帶她走。不到三個月，她離職了。

八年後，陸續各奔東西的我們再次重逢，真是好不熱鬧啊，七嘴八舌的，只剩下一位還留在原本的公司，大家聊來聊去，內容還是以前的主管、討厭的同事、現在各自的公司有什麼好笑的、誇張的。那位因為分手痛苦萬分的女同事也來了，還帶了兩個小孩一起過來，她已經是兩個孩子的媽了。

我們聊到她為了感情哭得死去活來，為了一個男人要跳樓自殺，那一陣子確實把大家搞得神經緊繃，大家說：「今天來要罰個三杯才行，現場每個人應該都有被妳折磨到呢，我們每天可是絞盡腦汁在想著要帶妳去哪裡、吃什麼，就怕妳一個人胡思亂想的。」

她沒太理會我們的談話，彎著身體把湯匙上的熱湯吹涼要餵小孩喝著，後來才知道原來我們講的人是她。

「啊？真的嗎？我曾經為了一個男人自殺？別開玩笑了好嗎？什麼時候的事情？我都忘了！有這一段？又好像有耶，我想想看那是什麼時候的事情？到底是哪一個男生啊？你們不講我真的不記得耶！我有到公司的頂樓？還爬上圍牆？真的假的？」

我們這個社會透過書籍、圖畫或建築物等等的文化形式來保存人類傳承的經驗，而心智頭腦在保存生活經驗的心理過程則稱為記憶，但並不是每一個經驗的心理過程都會被心智頭腦保存下來，所以每個人的記憶不會是完整的。

心智頭腦接受到的五感刺激，必須在生活中占有極為重要的地位、是我們感興趣或者符合需要的事情，才有可能轉換成短期記憶，但短期記憶的保存空間有限，所以心智頭腦會自動篩選哪些記憶該留或該刪。如果我們不斷去回憶那個經驗、不斷複誦，並且透過深度加工，持續去感受那個經驗，短期記憶會被我們長時間保存下來，成為長期記憶。

明明她就是哭得死去活來，還鬧自殺，怎麼可能會不記得？當然有可能。我就不花太多時間談論關於人是怎麼記憶又是怎麼遺忘的，這算是心理學的範疇，我想闡述的是，人都是健忘的。

外在的世界誘惑何其多，心智頭腦太聰明了，它知道遺忘是記憶的天敵，我們每天都在接受大量的訊息，這對記憶造成很大的干擾，所以，遺忘，在每一個經驗開始時也跟著同步啟動，最後成功阻擋了我們去提領任何痛苦的回憶。不是我們不去記得某些事情，而是我們的保存空間有限，訊息一直進來，如果你沒有時常去提領回憶，這些記憶就會被清除掉。

記憶造成我們的生活失去控制、價值錯亂、混淆不清，我們記了不該記的，忘了不該忘的，出現一堆亂七八糟的錯置記憶，所以我們才會痛苦。「你」這一個人，才是造成自己痛苦的原因，最有問題的就是你。

你要相信這一切都會為你帶來意義，只是覺醒需要時間，不要一直去找答案，你可以悲傷、可以難過、可以無精打采、可以回憶，但不要去問為什麼。就是去接受所有的狀況，或許你很難受、你會想哭，那就那樣，想哭就哭、想安靜就安靜，不要整天想著對方為什麼要這樣對你，我為什麼要這麼悲傷？我為什麼要這麼難過？我到底什麼時候才可以振作起來？一旦心智頭腦介入，找答案的過程就會讓自己沒完沒了，更創造了新的記憶，你準備更加痛苦吧。

「喔！」既然發生了，那就全然接受吧！愈能定義美好的人，愈能擁抱美好、獲得滿足。你的記憶裡美好的多，你就會提領到幸福；你的記憶裡傷痛的多，你就會提領到痛苦。不論是美好還是痛苦的記憶，都會成為你的信念，兩者都會為你帶來無比的力量。

如果你是對的，你沒必要發脾氣；如果你是錯的，你沒資格發脾氣。每一個當下，多為自己創造美好的記憶吧，一切都會過去的！

Chapter 3

助人，先當快樂分享家

人只要將感恩的標準降到最低，快樂便伸手可得。你有沒有過因為樹枝發了新芽而快樂不已呢？我會！快樂，是一種心理上的感受，它讓我們全身帶勁，充滿熱情，看待事情也更為正面。你快樂嗎？我很快樂！

我去大陸考心理諮詢師的時候，四位想從事心理相關工作的台灣女孩，一下課便衝到台前，詢問老師相關的考試及當地執業的情形。這四位女孩覺得自己心地善良、想法陽光正面、善於傾聽、喜歡啟發他人。她們抱怨台灣非心理相關科系沒辦法取得證照與執業，法令讓她們無法實現自我與幫助他人！

她們因為台灣的環境與法令，只能選擇繼續待在公司上班，不知道到底該不該離職來大陸發展。如果證照真考上了，應該放下一切跑來大陸深耕嗎？這又是一個人生相當大的賭注。

我在一旁聽到這一群準心理諮詢師的對話，實在覺得不可思議，惻隱之心人皆有之，伸出手、張開口就能幫人，和你從事的行業有什麼關係，實在是無稽之談，真的聽不下去！

若之後真有人想找你心理諮詢，請問你此刻這些理念與價值觀，能夠撐起你想從事的心理工作嗎？給予，明明是一件簡單的事情，連一心想要從事心理工作的人，對於給予都要給自己設立門檻與條件，教人如何放心。難怪這麼多人生活得不快樂，只會整天抱怨。

滿足他人、希望他人快樂，若帶有自私的目的性，這樣的快樂不持久。在我眼中，這些想當諮詢師的女孩們，和心情焦慮、內心不快樂、需要輔導的人沒什麼兩樣，價值觀偏差，都需要治療導正。

我們都遭遇過來自四面八方的施壓，所以內心痛恨所有的施壓者，但自己卻沒停過用眼神、言語甚至是行為，不斷向周圍的人施壓。你發現了沒？真心給予應該是自然直覺的反射行為，就像父母親希望小孩健康快樂的長大一樣，心中有愛，就會希望他人快樂。

點餐的時候，你會和服務生多聊兩句嗎？稱讚她的笑容甜美親切，讓你非常享受這用餐的氣氛，這會讓服務生快樂一整天甚至記住一輩子。人的記憶中，如果存在著的都是愉悅的片段，對人格養成是有顯著的正面影響。如果你的小孩上班打工回家後，開心的和你分享，今天遇到一位令人印象深刻的客人，相信你也會很謝謝這位客人，教會了你的小孩某些東西。

很多人頭腦打結的時候，或是生命遇到了一些挫折走不下去了，他們總是能在第一時間想到我。我不知道我在他們的心中扮演了什麼樣的角色，但我相信這個世界一定有一股神祕的力量，牽引著我和每一個人相遇。有人跟我說我身邊總是有一大群人在追隨著我，但我明白，其實是他們在帶領著我認識這個世界，不管我們的語言是不是能夠溝通，他們永遠都是這樣的無私付出。我很少有不快樂的時刻，因為我的記憶裡，能想到的多數都是開心的畫面。

有一種愛，沒有目的性，不需要彼此攻擊、對你別無所求，那樣的愛才是一種不凡的慷慨。我身邊的朋友能，我為什麼不能？原來感恩與給予可以讓自己快樂，那樣的狀態就是一種愛，就是在幫助他人了。

有一次，兩個約莫二十歲左右的年輕外國人向我問路。我可以說我不知道、也可以大概說一下方向，或者堆滿笑容跟他們解釋如何走到目的地（但我知道他們一定走不到！）最後我選擇請他們跟著我到我停車的地方，如果他們不介意，我可以載他們去。

在車上我們聊了二十多分鐘，這種感覺很奇妙，一直以來，我很常做類似的事情，他們露出快樂的笑容，我再一次體悟了施比受更有福。離開前，我送給他們一人一杯珍珠奶茶，台灣名產喔，喝喝看，很好喝的，最後結束了幾十億人口難得一次的緣分。縱使我們不會再碰面，但我知道他們肯定不會忘記我。

有一天，如果他們在家鄉，遇到了有人問路，至少他們不會太過冷漠回應，如果問路的人來自台灣，那肯定會為他們開啟話匣子的。

付出者收穫！幫助他人讓我感受到愛的流動，也讓我變得更有自信，我們每個人都可以是快樂分享家。

Chapter 4

成為他人心目中的溫暖過客

在我國中時代，光國二那一屆就有將近五十個班級，每班學生都快六十人，其他學校也都差不多，算是競爭相當激烈的年代。我很努力擠進全校最好的班級，也就是所謂的升學班或者A⁺班。這是個令人產生優越感的環境，我覺得離夢想更近了，以後我一定會在這個社會上功成名就。

開學後，全班才知道號碼是按照考試成績來編排，我是班上三十五號。

我在這競爭激烈、成績掛帥的班級度過了國中歲月，三十五號就像是個烙印。我可以感受到班上前幾號的同學，不會花太多時間與我或比我還後面號碼的同學互動，「學業成績真的不能代表一個人的一切」，我只能這樣子安慰自己。

本來，我因為自己在A⁺班而感到特別光榮，但慢慢的我開始問自己，這樣真的會讓自己離夢想更近嗎？如果成功，是像班上某些成績優秀的人那樣，我不喜歡。對於未來，我產生了好多問號。

有一次輔導活動，老師請大家寫出你在班上最欣賞的同學。班上只票選出兩位，一位是五號，另一位就是三十五號，也就是我，我很訝異會有這樣的結果。

五號同學站上講台，給了我一個至今依然無法忘記的肯定眼神，他對著全班說：「有很多人喜歡你，你總是安慰班上的同學，你的笑聲讓人忘記了成績這件事情，你的關心讓人感受到真心的友情。你沒發現同學彼此之間沒有太多互動嗎？只有你的座位一直被一大群人包圍著。班上哪一個人不是心裡厭煩，就跑來找你訴苦？不管等一下是不是要考試，你就是把書本放下，不曾拒絕，靜靜的聽著同學說的每一句話，然後微笑著……

「有一次你數學考了六十幾分，你開心的說昨天練習了一整晚終於及格了。後來你發現同學改錯了，你應該要更高分才對，你說算了啦，沒關係，這樣對改考卷的人很不好意思，我不想造成困擾，而且還會影響其他人的排名。相同的事情也曾發生在另一位同學身上，他生氣的跑去跟老師說他應該要算九十九分，不應該只有九十八分，從此跟改他考卷的人絕交……。雖然現在在某些成績好的同學眼中你還不是最棒的，但我覺得你已經是了！」

感謝我的生命中，出現的這一位五號天使，他的一席話讓我備感溫暖，原來給予他人這麼令人震撼，這也成為我人格特質養成的過程中，相當重要的價值元素。人的一生當中，如果有幸能夠碰上一個在他的領域裡具有影響力的人，他不僅關注著你，還將你放在心上，毫無條件的尊重你，持續給予但又不強勢主導、左右你的人生，縱使沒有與你時刻黏在一起，你清楚明白他就在背後支持、肯定你。

這一個人哪怕只出現在我們生命當中的一個瞬間，他也會對我們起到治療的作用。他與我們的一席對話、或者從他身上的言行舉止，都足以驅散、糾正我們頭腦中的許多錯誤觀念，並將我們拉回正途，學會獨立思考，看懂因果，最後感受到溫暖。

想要成為這種人，心中沒有愛，是辦不到的。這種無條件的愛，彷彿是我們生命中的燭光。很多時候，因為我們自私傲慢，所以忽視了這種燭光的存在。當我們面臨了絕望考驗的時候，這種燭光在黑暗中會變得更加光亮。

身上會散發燭光的人，不會企圖在你心中占據重要的地位，也不會想要控制你、改變你，你完全不用害怕顧慮會傷害到他，因為他身上充滿愛。他就在你身邊，為你點燃了燭光，然後又走了，彷彿是你生命中的一個過客。

這樣的過客，只留下溫暖，讓你更相信自己，不要害怕，同時教會你也要相信別人。他不僅點燃你對生命的希望，也讓你在各種關係的處理更有信心。如果你是一顆拒絕融化的冰，他會用他的方式讓你感受到源自你內心的溫度。

我期許自己能夠以身作則，成為一個溫暖又熱情的人。我何其有幸，可以聽到這麼多人的故事，你們的故事豐富了我的生命，讓我有了如此多的啟發，感謝每一位無私照亮我生命的溫暖過客們。

Chapter 5 下一站，幸福

我在某一天的課程中和學生們談論到關於幸福的議題，最後問了他們：「所以你們幸福嗎？」很多人羨慕我的人生，希望可以和我一樣擁有目前所擁有的。這樣想想，我好像真的還滿幸福的，至少我在做我自己想做的事情。可是不對啊，如果這真的令人羨慕，那為什麼你們不也去做自己想做的事情呢？

有多少人想成功，可惜耐不住孤獨，也不甘於寂寞。每個人的生活總是繁忙而焦慮，身旁真正能夠傾吐的對象少之又少，我們難過著為何周圍的人總是虛情假意，然而自己又豈是真心真意？我們都吝於付出，但又和某些人相互取暖；明明知道還繼續沉淪，不願醒來，總是明天再說。這種耗費能量的循環實在讓人無力。

我們常看到有人抱怨自己的生活苦悶，為誰辛苦為誰忙，但卻沒看到這些人會為了自己的行為負起責任，永遠有說不完的理由與藉口。你覺得這種人怎麼幸福？幸福不是這樣搞的，你所認定的幸福如果是要透過自私與貪心來建構，這怎麼得了！

早上一出門就被車子濺得一身濕、很倒楣被老闆狠K了一頓、客戶打電話來取消訂單、被朋友放鴿子，回家還要面對囉嗦的父母。我的人生一定要這樣悲慘下去嗎？

此刻正在翻閱本書的你，或許正面臨著站在人生十字路口的迷惘階段，孤獨一人，這是我們最容易懷疑自己的時候。我經歷這種情節的次數不會比你們少，總是疑惑不知道自己還能堅持多久，這樣做真的是對的嗎？

有人知書達禮、笑容滿面、人生圓滿，看起來像個書生，人見人愛；可是一遇到生存，就啟動心智頭腦來主導，用盡心機、權謀利益，根本是個畜生，等著眾叛親離。人前人後，考驗一個人太容易了，給他一塊肉，你看他吃相多難看，整碗拿去的大有人在。

人生，之所以艱難，就是因為從眾星拱月到孤單寂寞，只有自己知道。我們為何總是遭逢逆境？老天爺為何一定得拔光我們的牙齒，讓我們斷手斷腳呢？我們生活中所有的經歷，都是為了提醒我們要臣服，才會獲得真正的成長，你才能真正領悟，老天爺如何處心積慮的想要成全我們。

很多人在生命的歷程中跌倒了，沒看懂這一切的目的只為了成長，是為了讓我們學會領悟與接受所有發生的一切。而不是問題一出現，就急著找遍所有名師，用心智頭腦來介入干預，我們為此付出的慘痛代價還不夠嗎？

我曾經是一個「只想得到什麼」的人，如今卻變成「還能給予什麼」的人。這些改變只因為我聽從了內在聲音，我學會去接受所有發生在我身上的一切人事物。

「發現生命禮物」的概念，就是「去分享」的意思，大家都做得到。在給予他人的同時，自己與他人就在共享的世界，建立連結了更強烈的生態族群。在這樣的生態裡，每個人的生命都早已轉換，完全不同了。

你一定有屬於你的生命禮物，不管是什麼，若只保留給自己，意義不大，我選擇了用自己能力所及的方式來回饋世界。

文字創作、演說並在世界各地教學，成了我現階段最恰當的方式，產出的過程不僅讓我再次反省與覺察，除了提醒自己必須以身作則之外，更是一種最有益於自己的方式，也是對身邊摯愛的人最棒的回饋。我非常尊敬這樣的工作型態。

真心期待你們能在閱讀我逐字打出的文字後，再將它轉送出去，學習、實踐、分享，讓更多人能享用到。

啟發他人、給予幫助、鼓舞人們，使他們有力量在愛與喜悅的狀態下，活出自己的最高願景。我樂於看見大家如此。

教導他人的同時，也讓我更加了解自己，啟發是一種能量，是一種波的形式，你送出愈多，你就能得到愈多。

常反省，多微笑，對父母盡孝，脾氣再好一些，讓自己停留在這個狀態，不要一天到晚抱怨，然後再問一次自己：「你幸福嗎？」我想這答案應該是要堅定而喜悅的。

Chapter 6

早已擁有何須外求

有個素昧平生的讀者寫信問我：「老師，我覺得這個世界就是不放過我，為什麼我無法擺脫命運的捉弄？我的生活始終無法開心喜悅……」

其實，這個世界並沒有打算放過任何一個人，就好像祂也找上了我一樣。祂逼每一個人都得做出回應，所以我選擇了勇敢面對，我不想再處處挨打，也決定做出反擊。既然決定了，就全力以赴！

要玩就玩真的，很多人玩半套，做做樣子，煞有其事，嘴上說得認真，其實全是虛招，但我可是傾家蕩產、全脫光了，還有什麼好怕的，爛命一條罷了！

我在這幾天簽了兩份合約，所有擔心、害怕、不安的考量，在簽字後都不再困擾我，因為你心裡清楚，這將又是生命中的重要轉捩點。

如果你不隨時提醒自己目標就在前方，必須繼續往前邁進，那麼就會馬上被拉回舒適圈，最後會動搖信念甚至放棄。生命何其珍貴，只要你有計畫、有方向、有目標，就算現在受點傷、吃點苦，又算什麼呢。一個自律的人，知道先苦後甘是必要的。

不論你從事什麼工作，不要太高估自己，以為能在一年內達到目標。這一點很重要，太多人把事情想得簡單，覺得天下無難事，只怕有心人，磨刀霍霍，迫不及待準備下場一較高下，最後這會讓你跌個狗吃屎。但也不要低估自己能在十年內取得的績效。十年，只要你的狀態穩定，循序漸進，足以讓你成為一名響叮噹的人物了。

為何目標總是無法達成？如果你現在不甚滿意現況，罪魁禍首就是你頭腦裡那些錯誤的信念。想要改變你的外在世界，必須從內心世界調整起，就是從你的想法開始。

磁鐵一旦被消磁，什麼也附著不了。人是帶電的，具有磁性的人充滿信心與信仰，他們知道自己天生就要成功、就會勝出。芸芸眾生都是被消磁的，這些被消磁的人，可能都不知道自己才是元兇，被自己創造出來的環境消磁，也積極去消磁別人。他們看起來像是在等待機會來臨，其實根本是沒看到，早已與機會擦身而過無數次了。

這一類人一生都不會有什麼太大的長進，他們對自己沒信心，不相信自己，從不尊重自己的生命，但又希望別人尊重他，分裂又矛盾。

我們為了成為頂尖，不斷尋找自己的興趣、培養專業、喚起熱情，我們向高手學習，期許自己有一天也能夠站在同一個位置，這一走就是十多年甚至數十年。我們以為成就了這些追求來的名聲地位，就會是他人的驕傲，某種程度上當然是，但為什麼依然不開心呢？

不要再去接受那些錯誤的信念、意見、迷信或恐懼了，這些總是在禍害人類，告訴你該怎麼做的人，我跟你保證，他們往往過得也沒有比你好太多，一直以來都是你把他們想得太好。

發現生命的喜悅不是向外追求，我們內心早已擁有，對人善良、負起責任、拿出勇氣、反省感恩，這些都是人類身上所蘊含的，我們不用刻意追求，因為我們本來就已俱足。

當你在持續追求外在認同的物質成功時，不要忘了內在有一股力量，不需花你一、二十年或終其一生的追求，只要你一個念頭的轉化，只要分秒的時間，你會像嬰兒般露出微笑。你會開始懂得擁抱自己、愛自己、抱怨會消失，你會感受到幸福與喜悅。愈是臣服，愈接近康莊大道。你將處在一個最舒服的狀態，而這狀態會在最短的時間內，實現你所有的想望。

放下你的心智頭腦，試著去挖掘你的內心世界，它是由思想、情感、力量、光、愛與美所組成，只要你認同這些深層的內在潛能，它會開始作用在你身上，你已活出生命的精采，並讓生命有了真正的歸屬。你就是你自己。

Chapter 7
幸福咫尺千萬珍惜

老師，您好，我是XXX。

很唐突寫了這封信給你，但這是我人生難得少有的勇氣。感謝您在二〇〇九年的夏天來到了土城少年觀護所做了一場演講，我想您大概沒什麼印象了。我是數百人裡面的其中一位，演講期間，你突然從台上跳下來走到我們這一區，你說著脾氣不要這麼大，不要覺得全世界的人都對不起你。我當時是坐在走道旁，你的手竟然就這樣輕輕放在我的肩膀上，同時也給了我一個堅定的眼神，對著我微笑……

我進少年觀護所六次，很多老師都會來這演講，你是第一個會走到我們旁邊，也是第一次有老師距離我這麼近，不知道為什麼，當時國二的我，直覺的願意相信你說的每一句話，我感覺你就是在對我說。

我奶奶在上個月不敵病魔離開了我，她是我這輩子最愛最愛最愛的人，我很愛她，我不知道該如何表達，這一陣子我一想起奶奶就流眼淚，我不知道自己這麼脆弱，奶奶的離開比沒有錢或沒辦法念大學更讓我害怕，原來奶奶帶給我如此大的動力，我竟然要等到她離開了才發現，我好難過，更是後悔，我真的是一個人了。

從小我就很少看到我母親，我的父親很不負責任的離開了家裡，把我丟給奶奶，奶奶年紀大了，身體不是太好，手腳沒什麼力，所以走路很慢，煮個飯也讓我餓很久，冬天洗衣服更是洗超久，所以我常常要穿還沒乾的衣服去學校。在我有記憶以來就是奶奶帶大的，但我卻一直傷她的心，已經記不得有多少次，她來學校為了我的事情跟家長或者老師道歉。直到最後，我進了少年觀護所，我看到奶奶拜託所方人員好好照顧我，她只是一再鞠躬拜託。她整個人好嬌小，我心裡其實很多吶喊，我隔著鐵窗，我知道我很不孝，我更希望奶奶不要這樣卑微。我好想做出更誇張的行徑讓奶奶真正放棄我，我不喜歡奶奶為了我受這麼多委屈，我好沒用，我不知道我怎麼了。

老師您在演講中一直提到「回家吧！」、「有沒有什麼話想對父母親說的？」我當時心裡想到的是我奶奶，第一次有想要趕快回家的衝動，奶奶只剩下我而已，我不在，沒人照顧她。

這六年，除了打工賺取學費之外，我不太喜歡往外跑，我想多陪奶奶，因為奶奶的身體狀況愈來愈不好，我其實很擔心。

上個月，奶奶等到我打工回來後，闔眼離開人間了。我抱著奶奶痛哭，很對不起奶奶，我真的沒能為她做些什麼。她這一輩子這麼辛苦，卻還要負責我這一個這麼不懂事的孫子。我其實一直把奶奶放在心上，有好多話想對奶奶說，但都來不及了，之前和奶奶講好了要帶她去走走的，我連這麼簡單的事情都沒做到，還談什麼要給奶奶過上好日子。

我恨這個社會、恨我的父母親，更恨我自己，我好心疼奶奶這輩子沒好好享過清福，但奶奶沒有半點怨言，甚至臨走前，都還在擔心掛念我，她最後摸著我的頭，說我很乖，她從來沒生過我的氣，叫我要勇敢，要多認識一些字，要做一個好孩子，說我不是一個人，要我原諒爸媽，記得把弟妹找回來。

我在整理奶奶房間時，在一個鐵盒子裡看到了一本筆記本，這本筆記本是奶奶當年拿去少觀所給我的。我說：「我最討厭寫字了妳還拿筆記本給我，而且這也不是妳買的，是人家送妳的，妳自己也不會寫字又不認識字，要寫妳自己慢慢寫。反正妳在路上都有人會載妳過來了，妳可以不要再來了嗎？很煩耶！」當時我與奶奶嘔氣，把筆記本丟在地上，轉頭就走，根本不想理她。

昨天我翻開了這本筆記本，它的第一頁黏了一張名片，我很訝異名片上面是老師的名字，我對老師的名字是有印象的，原來那一天載我奶奶到少觀所的人竟然是老師您，將筆記本送給奶奶的也是老師您。在路上碰到我奶奶，順道載我奶奶過來的就是老師您。

看到這裡我才恍然大悟，那一天我演講完離開後，沒多久在公車站牌看到了一位老奶奶，她左顧右盼似乎需要協助，我在街道的對面搖下車窗問迷路的老奶奶要去哪裡。我說：「這麼巧我才剛從少觀所演講完耶，我可以反折載您過去，沒問題的。」我從後座上拿了一本筆記本送給奶奶，對奶奶說：「希望您的孫子出來之後，可以懂事貼心一些，不要那麼憤世嫉俗。阿嬤，妳辛苦了。記得幫我把這本筆記本送給妳的寶貝孫子喔！」

我對這位奶奶有印象，她當時帶了一個便當跟一籃水果，說是弄給孫子吃的，但很怕孫子生氣調頭不理她。我在車上捨不得奶奶都幾歲人了，為了怕孫子餓著了，一大早就出門換了三班車，坐了快四個小時的車。我不知道這個社會到底對我們做了什麼？為什麼總有那麼多的痛苦，這都讓人很揪心，我們每個人真的都要多加油。

我看到太多人在浪費自己的生命，因為擁有太多，反讓自己的小情小愛顯得過度膽怯。我們往往將至愛的人視為理所當然，直到失去他們，才會在靜默散步的時候，祈求老天爺再給我們一次重新對待他們的機會。

你的自剖與反省，讓我看到成長與懂事。你知道嗎？在我看完你的來信之後，我第一個想法是，你奶奶真的把你教得很好。我明白你心中的遺憾，那是因為你擁有奶奶滿滿的愛，但你卻沒能來得及將對等的愛送給你想給予的人。請你再相信我一次，把這份愛好好放著，現階段先完成學業，不要讓自己進入憤怒的世界，沒有人對不起你。多學習，結交一些好的朋友，就像你奶奶教給你的所有一切一樣，培養自己誠實、正直、勇敢、不畏艱難、不向命運低頭的人格特質，你奶奶會以你為榮的。

每次我收到類似這樣的來信，就會覺得自己好像做對了什麼，所以心存善念，不求回報，一定會產生一些正面的影響，並讓某些人的生命帶來意義，這是讓我感到欣慰並堅持至今的。

如果你的父母親、你的爺爺奶奶或你的家人都還健在，請你一定要千千萬萬的珍惜他們，那才是離你最近、最真實的幸福。

Chapter 8

接受包容讓我們天天開心

小時候，我們哪一個人不是被大家爭先恐後的搶著抱呢？每一個小孩怎麼看都是討喜的。長大之後，我們隨俗沉浮了好些年，卻不知道自己要什麼，最後跟著社會主流半推半就的走到現在。做回自己到底有什麼困難的？困難的是我們不知道自己是誰。我在這幾年的諮詢經驗中發現，很多人連試著去了解自己的勇氣都沒有。他們不敢觸碰自己的內心世界，那裡面早已是一片荒涼貧瘠，還任由它乾涸、凋零，失去生氣。

前幾天在國外參加一位學生女兒的婚禮，席間，一位婦女跑來坐在我旁邊，跟我聊了一會兒，她說我看起來開心極了，總是笑容滿面。我反問她：「妳不開心嗎？」

為什麼這麼多人生活得不開心？他們不記得曾經或在過去某一段時間是開心的，至少在小baby時代笑得多燦爛，他們已經抓不到那樣的感覺了。

我告訴她，只要內心不要有這麼多的怨恨與痛苦，就可以開心了啊！這些怨恨與痛苦，哪一個不是被我們自己想出來、創造出來的？但多數人沒有意識到這一點，所以需要被人一再提醒，而我就是扮演那個提醒的角色。

關於過去，你必須接受它，肯定它成為你一部分的事實，這些過去才會開始發揮它應有的價值，帶著你提升。不開心、不自由是因為你不接受它。

如果你和我一樣，想在心靈上獲得成長與平靜，就必須以開放與積極的心態，你愈看懂自己，就會明白，原來我們每一個人，都是要為這個世界帶來啟迪與澄清，給予幫助和溫暖，而不是讓這個世界為我們帶來傷痛。人的心理或生理受到侵犯，累積到一個程度時，造成了內外不平衡，我們的思緒傾斜了，與期待不符，自然會產生情緒，抱怨如影隨形。

我們總是用一種利己的方式看待世界，企圖將對「我的處境」的種種不滿，歸咎於眼前的某些原因，讓心智頭腦相信這一切都是「無可奈何」。心智頭腦就是用這種不著痕跡的習氣，欺騙了周圍的人，也欺騙了自己。

只要隨便與他人聊聊就會發現，這種思考邏輯深植在每個人的心中，我們無時無刻都自居是受害者，天天練習，說得通暢順口，早已練成精了。你無辜，我才更加倒楣，不是嗎？

多數人自認為自己有修養、有智慧的，還化身成正義的使者。他們在外的形象就是真理，卻在自己的世界裡，營造了生氣、不滿、憤怒的情緒，他們發洩得天經地義，殊不知這已經是失衡且導向不可控的結果，只會讓自己更空虛、不開心。

我們生活的步伐都太快了，日復一日，沒能真正靜下心好好檢視自己的狀況，或者說，更多數的人其實不知道怎麼觀照每個當下有什麼差異。生活就已經讓人喘不過氣來了，哪有時間去想自己怎麼了，再者，誰會覺得自己有問題？我們都不偷不搶，有什麼好觀的。

每個人都在為自己的行為辯解、合理、睜眼說瞎話，癡心妄想等著有一天幸福就會降臨，卻沒看到老天爺默默守在身邊給予的慈悲與關愛。沒有臣服，只能繼續沉浮！

人生的每一分每一秒，都是過去經驗的一再重複，而這些重複的經驗成了每個人的信仰，我們透過這些不夠全面的信仰，來認識心中所以為的世界，然後再創造出新的信仰。信仰差距成了人與人之間的成見，而這些成見，造成人與人的關係之間的不和睦、爭執與冷漠，最後無視於他人的感受。衝突因此而來。

為何他人如此幸運?你沒看到，他總是把心打開，隨時觀照自己與他人之間是否產生差異。每個人的經驗都是獨特珍貴的，只要你願意去接受、去包容這些差異，讓差異進入自己本身，並與它們和平共處。直到它們融為一體，最後變成身上的一部分後，我們的內心將會更加的寬闊。

從平衡到和諧，內外一致，你會少掉很多因為成見而造成的衝突情緒。

如果你的生活讓你不開心，多數都是從關係延伸而來的，接受包容就可以讓我們天天開心。

不要覺得生命老是對我們不公平，唯一可以抱怨的，是自己。

Chapter 9

活出生命的意義

有一家國外的知名雜誌說要採訪我，需要我的照片，我從來不知道可以把自己做到這步田地，但想想好像又什麼都沒做，神奇的是這些就會一直發生。

前幾天和一位同學碰了面，這個飯局我們約了四年。

他劈頭第一句話就問我：「你可以幫我看看嗎？我到底怎麼了？」

「你怎麼了？你不是好好的，哪裡有不好嗎？」

「好在哪裡，我都不知道自己到底在幹什麼？每天渾渾噩噩的，不知道自己的目標在哪裡……」

的確是，我們早已不再青春，或許我們還不到面臨死亡的年紀，但疾病、肥胖、禿頭、白髮、斑點、老花甚至老化，應該都差不多接踵而來、陸續出現了。

老是有那麼多人想找我碰面聊，我不懂要聊什麼。我的演講來過了沒？我的文章讀了沒？影片看了沒？都沒有！人都是這樣，平常從不花時間來了解自己，等到痛苦了、難受了，遇到問題就只知道來問。

如果你真的希望我為你解惑，我想講的都在演講裡講了、也都在文章裡寫了，影片中也都一直有談到，全是千篇一律的重複，自己去找答案吧，你要的答案都在裡面。

看著身旁的朋友，當年我們話說從頭，把酒言歡，發誓畢業之後，要好好的努力工作，活出自己，絕不要為了那一些臭錢而出賣靈魂。我們要環遊世界、要加入慈善機關、要為正義出聲、要打擊犯罪……，想做的事情太多太多了。

這些話我當真了，我想盡辦法去實現我的承諾，可我不懂其他人為何沒有這麼做。他們在一家公司一待十五年，在同一棟辦公大樓進進出出，早就有了深厚的感情，可是當機會來了，還不是義無反顧的跳槽啊。多數人將日子填得滿滿的，但他們又告訴我，不知道自己在忙什麼，人生好像瞎忙一場。

坐在我眼前的這位同學，是我們大學的系草耶，是多少女生愛慕的對象啊，可如今他的身材走樣變形，這倒提醒了我，我和他一樣都是中年大叔的年紀了。他的眼神裡沒有光芒，對未來沒有期待，人際關係一團亂，這個社會真的有這麼殘酷？怎麼我覺得我的人生才正要開始而已。

看著他吃東西，一開始打翻飲料，接著又是盤子上的食物沒拿好，掉在餐桌上，整個人就是焦慮不安。我看著他身上的肉，跟著他的每個動作晃動得很明顯；再者，他的喘息聲好大聲，那些好不容易才進了嘴裡的食物，又狼吞虎嚥地吞下肚。我很想拿紙巾給他，因為他沾得全身、滿臉、整隻手還有胸口都是食物，我看得好痛苦。

畢業的時候，我認為他未來一定是我們系上最有成就的人。四年前碰面，他身上某些特質不見了，平凡了許多；四年後的今天，此刻的沉默已經是兩個世界。我不想再花時間聊和四年前一樣的話題，但他似乎沒有感覺這樣的場景與對話似曾相似，也沒看懂我們之間不一樣了！

「你為什麼都這麼開心？你到底是怎麼看待生活的？」

「哈哈，因為我知道使我們感到厭煩的原因是什麼。這個社會教給我們的東西是不對的，應該說，是我們讓這個社會變成這個樣子的，最後我們深受其害，可是我們無法拒絕這個錯誤的環境，愈陷愈深。我們找不到自己，創造不出屬於自己的文化，抱怨為何總是遇到這麼多的障礙、四處碰壁。所以有這麼多人不快樂著，縱使他們在各自的領域上都算成功，但我知道會有事情折磨著他們。他們沒有辦法讓內心好好平靜一段時間，這對多數人來說是有困難的。」

生命就像一場拉鋸賽，明明你很認真的想做某件事情，但很奇妙的，總是會被迫去做別的事。我們只會反應出情緒跟憤怒，卻沒覺察到，是我們自己選擇了放棄。某件事情傷害到你，你就會把這件事情視為本該如此地放在心上，但你又深知沒有什麼本該如此的事情。

大家總是急急忙忙的，鮮少有人停下腳步去思考，所以才一直這麼忙，忙著下一個職位、下一台車子、下一棟房子，或者下一份工作。生活就是這樣不停的替換，我們以為這樣的人生才精采，到最後才發現，這些替換來的物質依然空虛。於是他們又繼續追求、繼續忙碌、繼續盲目。

生命若要真的有意義，就要投入去愛別人，投入關懷你周遭的人，投入去創造一些讓你活得有目的、有意義的事情上面。

我們可以從生活中很多視為理所當然的事件裡，開始對人柔軟、試著包容、學會感動、送出感恩，這就是我們可以付出愛的具體方式。

Chapter 10 把愛傳出去

我在異國的咖啡館裡收到了這封讓我感動莫名的訊息：「謝謝你的回覆，我正在抗癌路上，想死卻不能死，很痛苦，身心俱疲，冥冥之中，你進入了我的生命！發現了你的文章、發現你的影片、發現了你的東方心理學，發現這個世界上還有你，感恩您！我不再放棄了。我要活下去。」我回覆她謝謝讓我知道，也一定要再讓我知道好轉復原的消息。

新加坡是我這趟旅程莫名安插非預期的國家，只因為一位短暫相識的朋友的邀請。不知道我和他到底是怎麼樣的緣分，我竟然答應獨自前往新加坡逗留幾天。在我眼中，他就是一位溫暖、無私把愛傳出去的實踐家，我們年紀相仿，他成了我最真實的鏡子，也是我要學習的對象。

他希望我多休息，更在意我的健康，我身邊一直有許多朋友怕我太忙、擔心我太累，常常叮嚀我：「吃飯沒」、「別太晚睡」……，眼前出現了好多人關愛的眼神。

我體會到自己的生命步調太快了，我想要再放慢我的腳步、我想要好好修復自己的健康、我想要去擁抱一直以來關心我的人，我當下的意識與內在產生了連結，這是我此趟旅行的第一次感動。

他載我到了飯店，映入眼簾的房間規格著實讓我不知所措，以我這種一天到晚出國的人，尤其在新加坡，這費用，我怎麼可能不清楚呢，我在這間可以容納三、四十人的房間住了三晚。

「你願意過來我才是最開心的，難得來一趟，就好好休息。房間如果不夠寬敞，心是不會打開的，好好善待自己，盡情享受這裡的所有設備，要睡覺、要運動什麼都行，啥都不用多想。」

這一番話是我的第二次感動，我確實很少好好的善待自己，特別是在物質生活上。

他在今年初買了房子，隔天興奮地帶著我去看了尚未完成的房子，「這間是我老爸的房間，樓上是書房，我的房間是這一間，我弟弟會住在隔壁，至於我們現在站著的地方，之後會裝電梯。」

「電梯？不是只有兩層樓嗎？」

「對啊，我老爸行動不方便，我買這間房子全是為了年邁的老爸，這房子裡所有的格局與裝潢，我考量的只有我老爸。如果我老爸不住在這，這房子一點意義都沒有，而這也是我現階段唯一能夠為我老爸做的事。可惜我母親離開得早，不然她一定也會滿意我選的這個環境。你看看旁邊這一大片的草皮，還有這屋內的格局，我母親如果在，肯定有辦法將這些細節布置得讓大家都喜歡的。」

他叨叨絮絮不停的說：「我還會再把這一面牆全部打掉，改成一整片的落地窗，讓我老爸在房間就能夠看到外頭。這幾年，只要沒有出國工作，我是天天買午飯回家和老爸一起共進午餐，我會一直這樣陪伴著他。我老爸他這輩子沒有真正擁有過一個家，我這幾年終於有一些能力可以買房子了，好希望趕快完工……。」

他愈說愈開心，我卻因為他對母親的遺憾與想給父親一個家而陷入沉思，不知如何回應，這是第三次讓我感動不已。

我想到我的父母親，他們平安健在，從小便給了我一個幸福完整又溫暖的家。我感受到所有父母親對子女的愛，心中悸動到無法言語，我祝福他父親身體一定要健健康康的。

常常覺得自己很幸運，我擁有好多，但又覺得自己太過渺小，我可以再為其他人做些什麼？人生不應該有這麼多的煩惱與不開心，我願意從我開始，透過微笑把愛傳出去，微笑的力量太大了，又不用花上半毛錢。

此刻的我，感受到老天爺無盡的愛以及父母親無條件的愛，我是被祝福眷顧的。在成長的道路上，每個人都是我的生命導師，好的、不好的，我不斷反省也學習感恩。曾經在我生命中為我帶來苦難的人們，謝謝你們選擇用這樣的角色來成就我，我希望你們和我一樣平靜、和諧與體諒。

生命會帶領我們進入寬恕與善意的精神，內心的慈悲會讓我們得到持久的康復。生命就是這麼簡單，直到有一天，某個人你很久不再提起，某件事也不再想起，你就不會再感受到他們帶給你的束縛與傷痛了。

如果你身邊有人正在為了生活在打拚或是為了生命在搏鬥，我們可以給他們力量，讓他們知道生命的可貴。不用去羨慕誰，每一個生命個體、每一個人的故事都是如此的珍貴而令人尊敬。

快樂的王國不必外求，快樂就在我們的想法與感受中。我們有權利選擇愛！選擇健康！選擇溫暖！選擇給予！選擇待人良善！選擇微笑度過每一天！

人間處處是溫情，把愛傳出去。

Chapter 11

張開雙臂就會收到生命禮物

人慢慢長大了，學會的其中一個反應是害怕，縱使我們以為很了解自己了，但還是不清楚到底在害怕什麼。我們做出傷害人的行為，也輕易被他人傷害，我們已經沒有勇氣再給自己機會，為何如此害怕受傷？

成長的副作用就是，失去勇氣。如果你相信老天爺，把自己完全託付給祂，你不但不會感到害怕，你會因為進入了自己完全沒有把握的領域而感到興奮，你知道即將開始各式各樣的體驗了。

我這十年來，不管是課程、演講還是所有文字創作，談的、說的、教的、希望的，全都是一些老生常談的概念。這些概念藉由不同的故事或情節一直重複出現，那是為了要提醒及強化所有人的記憶。

就心理學與神經語言的範疇來說，這些一再重複的概念，會重組強化大腦迴路，形成更多的神經路徑，這樣一來，在你卡關的時候，你才會有足夠的能量，讓自己即使不用說大道理，也能夠說服自己了。你過關了，我當然就輕鬆省事了。

我們常常為了眼前小小的利益，見獵心喜，魔鬼賦與了我們另外一股力量，這股力量確實讓我們快速擁有某些東西，可是最後還是帶來了毀滅。不要去欺騙別人，因為你能騙到的，全都是相信你的人。有一天，大家都會醒來，包括你自己，那會很痛。鬆手，遠離貪嗔癡，放過他人，也放過自己！

二○一二年五月二十八日，我拒絕了去日本發展的機會！

當時日本頗具知名的型男占卜師天團來到台灣，他們找了我。

我們談了彼此的理念，聊了三個多小時。對方相當有誠意的希望能夠創造兩個國家的合作機會，團長想把我之前出的書翻成日文，很認真正經的請我提供一至二位，對我的學術有基本程度了解的學生，加入這個團體，一起去日本及全亞洲發展。

為何不是邀請我本人呢？他們是這樣告訴我的：

第一：我的年紀太大，我大他們一輪多，他們是型男占卜師，我的外型太吃虧了！

第二：我一開口，氣場太過強大，他們說我太亮了，會搶了他們的丰采。

第三：他們坦言我的諮詢經驗太豐富了，八字命理太過專業，他們的標準是八成娛樂、二成專業即可，我的存在會顯現出他們不夠專業。

基於這些理由，所以他請我的學生去參加就好了。

當天，我們一群人玩著我自己撰寫開發的ＡＰＰ，大家直呼過癮，笑翻了。

他們的本質學能確實有待加強，離我認定的水平還有一段差距，我只是覺得，原來包裝的力量這麼大。在天團的光環下，我感受不太到他們身上應該散發出來的能量。

我知道有幾位學生，甚至同業的一些老師，都很有興趣想要加入這個團體，他們想紅想瘋了，我卻切斷了這個資源，壞了一些人的明星夢、發財夢。

理念不清，心態不正，傳承無意。學習的過程太苦了，所以功夫沒學好就只想走捷徑、開染坊，再透過媒體的渲染。這個世道還不夠亂嗎？我當時有我的堅持。

四年的時間過去了，我自己開了三場記者會，上了無數電視台、廣播、雜誌，更登上了無數次的國際萬人舞台，我的ＡＰＰ在全球也早已超過一百萬人下載了。有媒體稱我為「游祥禾現象」，我還獲得由美國聯邦政府認證，為我量身打造頒發的國際心靈管理師及國際心靈治療師頭銜的殊榮。

由我創辦的「八字命理學」課程，這四年期間被我一次又一次的修正，成為現在的「東方心理學」，這課程至今已經在七個國家、二十多個城市開課了！

想活下來，你自然會抬起腳步向前跨越，我後來選擇了去大陸與東南亞！從台灣出發要走向未知的國度，沒人牽引，隻身前往確實有諸多考量，有太多要打點的了，我怎麼可能不害怕，但我知道這將為我的生命增添精采與張力。於是，我開始看到了不一樣的風景，遇到了不一樣的種族，聽到了不一樣的故事。我從沒想到，現在會有超過十倍百倍甚至千倍的人認識我，我做到了，我真的成功了。

這些成績有目共睹，我拿到了國際大大小小的頭銜，這不是我一直追求渴望的東西嗎？以前沒東西好包裝，現在有這麼多豐功偉業，應該要拿來大肆宣傳才對吧？好歹這些也都是了不起的榮耀。可現在我才知道原來自己如此渺小，我愈來愈沒有把握能在眾人面前好好把話說清楚，連一件小事都要花比過去更多的時間與心力，雖然如此，我卻感到開心，原來這就是直指內心的喜悅。

這些年我看到了自己的一些轉變，相較於過去，我開始學著去觀照覺察自己是不是如所說的那樣一致；我發現自己比較不會受情緒所苦，也看到了自己更加真誠、善良、溫暖、給予並擁有愛的樣貌！當這些轉變來臨時，你一定會知道，因為祂會讓你感到驚訝歡喜，你會知道你喜歡那樣的自己！

真實性、踏實感、生命度、感動力、溫暖源、給予者，它們在我不知不覺中，從我的生命中跑了出來。這本來就是老天爺送給每個人的生命禮物，原來我也一直都有，就跟你們所有人一樣。

你覺得你很委屈嗎？老愛抱怨？我真覺得我幸運得要命，所有的好事都發生在我身上了耶。張開雙臂，就會收到生命禮物，「受者因此得惠，而施者如你，也因此得福。」老天爺會彰顯給你看的。這就是奇蹟，這就是恩典。

停止抱怨的人生

作　　者／游祥禾
美術編輯／申朗創意
責任編輯／張雅惠
企畫選書人／賈俊國

總 編 輯／賈俊國
副總編輯／蘇士尹
資深主編／吳岱珍
編　　輯／高懿萩
行銷企畫／張莉滎・廖可筠・蕭羽猜

發 行 人／何飛鵬
出　　版／布克文化出版事業部
台北市中山區民生東路二段 141 號 8 樓
電話：(02)2500-7008 傳真：(02)2502-7676
Email：sbooker.service@cite.com.tw
發　　行／英屬蓋曼群島商家庭傳媒股份有限公司城邦分公司
台北市中山區民生東路二段 141 號 2 樓
書虫客服服務專線：(02)2500-7718；2500-7719
24 小時傳真專線：(02)2500-1990；2500-1991
劃撥帳號：19863813；戶名：書虫股份有限公司
讀者服務信箱：service@readingclub.com.tw
香港發行所／城邦（香港）出版集團有限公司
香港灣仔駱克道 193 號東超商業中心 1 樓
電話：+852-2508-6231　　傳真：+852-2578-9337
Email：hkcite@biznetvigator.com
馬新發行所／城邦（馬新）出版集團 Cité (M) Sdn. Bhd.
41, Jalan Radin Anum, Bandar Baru Sri Petaling,
57000 Kuala Lumpur, Malaysia
電話：+603- 9057-8822　　傳真：+603- 9057-6622
Email：cite@cite.com.my
印　　刷／卡樂彩色製版印刷有限公司
初　　版／2017 年（民 106）01 月
初版 6 刷／2022 年（民 111）12 月
售　　價／300 元
I S B N／978-986-94281-1-8

城邦讀書花園 www.cite.com.tw
布克文化 WWW.SBOOKER.COM.TW